高效率
学习方法

学习高手

宋犀堃——编著

如何成为一个
会学习的人

吉林科学技术出版社

图书在版编目（CIP）数据

学习高手：如何成为一个会学习的人 / 宋犀堃编著
. -- 长春：吉林科学技术出版社，2022.5
ISBN 978-7-5578-9010-0

Ⅰ . ①学… Ⅱ . ①宋… Ⅲ . ①学习方法
Ⅳ . ① G791

中国版本图书馆 CIP 数据核字 (2021) 第 234890 号

学习高手　如何成为一个会学习的人
XUEXI GAOSHOU　RUHE CHENGWEI YIGE HUI XUEXI DE REN

编　　著	宋犀堃
出 版 人	宛　霞
责任编辑	赵　兵
助理编辑	丁　硕
封面设计	春浅浅
制　　版	松　雪
幅面尺寸	143 mm × 208 mm
开　　本	32
印　　张	6
字　　数	160 千字
页　　数	192
版　　次	2022 年 5 月第 1 版
印　　次	2022 年 5 月第 1 次印刷

出　　版	吉林科学技术出版社
发　　行	吉林科学技术出版社
地　　址	长春市福祉大路 5788 号
邮　　编	130118
发行部电话 / 传真	0431-81629529　81629530　81629531
	81629532　81629533　81629534
储运部电话	0431-86059116
编辑部电话	0431-81629518
印　　刷	三河市众誉天成印务有限公司

书　　号	ISBN 978-7-5578-9010-0
定　　价	36.00 元
版权所有　翻印必究	

前言

任何一位家长，都希望自己的孩子能取得优异的学习成绩，让将来的发展更顺利、更成功；任何一位教师，也都希望自己的学生能出类拔萃，成为学习上的佼佼者；任何一位学生，同样希望自己能够成为成绩好的学生，在不辜负父母、老师期望的同时，通过优异的成绩来达到自己的人生目标。

但是，对有些同学而言，成为成绩好的学生是一件看似"不可能完成"的任务。他们确实在学习上花费了很多时间和精力，家长也毫不吝惜地进行着投入：千方百计上重点学校、不惜重金请家教……最后却收效甚微。其实，他们所犯的一个共同的错误就是舍本逐末——孩子的学习成绩差，往往并不完全是由智力、师资和环境等原因造成的，而在于没有掌握高效的学习方法。正是由于他们只知道一味地埋头苦学，未掌握科学的学习方法，不仅达不到理想的效果，反而是在浪费时间、金钱和精力。

　　简而言之，能成为成绩好的学生一定是高效的学习者，一定是掌握了高效学习方法的结果。方法产生效率，方法创造成绩，方法创造成功。

　　本书正是为广大中学生量身定做的一套实用的学习方法读物，搜集、整理了全国各大重点中学的近百位优秀学生的学习方法和经验教训，通过这些历经实践检验的高效学习方法，给正在受到学习问题困扰的同学和家长提供最实用的指导和最有效的帮助。

　　本书所介绍的每一种学习方法，都具备实用性、经验性和时效性的特点，尽量用最简短的语言、最真实的案例、最具操作性的方法，来使肩负繁重学习任务的同学们，在轻松的阅读中掌握每一种方法、学会每一个技巧，都能在实际的学习过程中得到有效的帮助，从而考出优异的成绩。

目录

学习效率篇：向每一分钟要成绩

第一章　合理安排学习时间

2　　　找一些短时间能完成的任务

4　　　妥善安排寒暑假

6　　　把自习的时间利用起来

8　　　高效的时间整理术

10　　建立自己的生物钟

第二章　发挥时间的最大效益

14　　给每科安排固定的时间

16　　利用好零散的时间

18　　有规律地利用时间

20　　主动确定学习任务

22　　在学习和娱乐之间找到平衡点

24　　当天的任务当天完成

第三章　节省时间有技巧

28　善于利用自由时间

30　根据优势和劣势分配时间

32　学会自我学习

34　充分利用身边的资源

36　"疲劳战术"浪费时间

学习环节篇：抓住关键的四大环节

第一章　预习：提高学习成绩的关键

40　课前预习五步走

42　课前预习的内容与注意事项

44　加深预习的印象

46　预习要"因科制宜"

48　层次分明的提纲预习法

第二章　听课：向45分钟要成绩

52　紧跟老师的思路

54　科学整理笔记六步法

56　把听课和思考结合起来

58   积极参加课堂提问和讨论

60   当堂知识当堂消化

62   6招让你上好习题讲评课

第三章　复习：知识重在巩固

66   定时回顾每天的功课

68   复习时要注重基础知识

70   善于总结，使知识条理化

72   "旧路新探"复习法

74   一举两得的"讲题"复习法

76   复习要以课本为根本

78   高效利用平时的试卷

第四章　做题：及时检验学习效果

82   每道题只做一次

84   重视基础题目

86   从错题中总结规律

88   关注普通解题法

90   提高综合解题能力

92   寻找多种解题方法

学习技巧篇：因科制宜巧学习

第一章　文科重在积累

96　　化整为零学语文

98　　语文重在"强读"与"强记"

100　　积累常用成语、词语

102　　文言文要注意活学活用

104　　单词和短语不能单纯依靠背诵

106　　五官并用学英语

108　　学英语要循序渐进

110　　不要用汉语思维套用英语

112　　图表提纲记史政

114　　分段浓缩学历史

116　　学习政治要放眼天下

118　　学政治要"把书读乱"

第二章　理科重在理解

122　　理解概念要透彻

124　　"重、精、巧"法学数学

126　构建数学的知识网络

128　抓住数学的主要脉络

130　关注物理的典型问题

132　逐步建立"化学思维"

134　学习生物要文理结合

考场应试篇：灵活运用应试战术

第一章　语文高分并不难

138　警惕考试中的不良习惯

140　利用题目中的隐含信息

142　阅读题要做到快而不乱

144　文言文要善于审题

第二章　考好数学有方法

148　让思维提前开始数学活动

150　执行好答题的三个循环

152　答题顺序很关键

154　做好选择题的技巧

第三章　英语试题有规律

158　快速解答单选题

160　填空题的解答技巧

162　提高阅读题的正确率

第四章　文综应试有技巧

166　答好文综单选题

168　用发散性思维解答政治多选题

170　如何解答历史概念型选择题

第五章　理综突破指南

174　理综选择题要控制节奏

176　放眼全局，灵活机动

178　规范解答物理主观题

180　如何答好化学推断题

第一章
合理安排学习时间

　　时间对每一个人而言都是一种宝贵的资源，能够科学合理地安排时间，无疑会使自己相对地多占有这种资源，自然就能使你的学习更有效率。

找一些短时间能完成的任务

找一些短时间就能完成的任务，也就是为自己设置一些小目标，它的作用在于能使你把一两天之内的学习生活安排得有条不紊。

高手支招：大小目标的双重变奏

（刘春明）

    我把大目标锁定为期中重返年级前十名，又把大目标细化为一个个的小目标，如在第二次考核中，进入班级前三。为了进入前三，每次考试，都要有所提高；为了在考试中进步，平时的学习要有扎实的进步。这样我一步步稳扎稳打地取得了点滴的进步，在完成一个个小目标的同时，心理上也有少许的满足感，如此反复，学习就在大目标的总方向下，依靠实现一个个的小目标地毯式地查漏补缺，充满乐趣地进行着。

    刘春明同学将他确立目标的方法总结为"大小目标的双重变奏"，他说："经过反复的摸索与简单试验，我总结出了自己的目标体系，那就是大小目标的双重变奏。大目标可以很大，比方说可以将考入北大作为自己的大目标，也可以是略微小一点的，如一个学期要达到的学习成果。总之，大目标是中长期的，是方向性的，不是一时半会儿就可以轻松搞定的，往往需要相当长的时间和相当大的毅力做后盾；而小目标相比较而言，就是一些比较具体的短期学习计划，如今天要预习功课、复习完上节课的内容等，小目标还不同于严格意义上的时间表，它同样是方向性的，如果太琐碎就又失去了目标的作用。因此小目标的选择既要有其具体性，又要有模糊性。例如，英语学习，我就定了这样一个小目标：每天完成10个新词的背诵，3篇阅读。当然大小目标都是相对而言的，只要是有利于学习的，随时可以进行必要的调整。"

由此可见，将大目标分解为一个个阶段性的小目标，可以使目标更加具体化，你就能清楚地看到当前应该做什么，怎样才会做得更好。这可以使你漫长的学习生活变得有目标、有次序、有系统、有节奏，使繁重的任务变得轻松起来，从而在不知不觉中提高学习效率。

高效锦囊：提高学习效率的"三问"

1. 我这一节课必须掌握哪些知识？

2. 我这一天的复习要包括哪些内容？

3. 我这一个月的学习要达到什么效果？

妥善安排寒暑假

每个学生都盼望放寒暑假，但在漫长的假期里，如何妥善安排好学习和娱乐的时间，则对下学期的学习影响很大。

高手支招：笨鸟先飞得高分

(何燕)

刚上高中时，我的学习成绩并不是很好，只在年级的中游水平。之所以后来我能成功地考入北京大学，一个很重要的原因就是我能够笨鸟先飞，平时寒暑假、节日放假的时间我都能合理地安排。我坚信一个理念——不必每一分钟都要学，但学的每一分钟都必须有效。

在谈到自己如何利用寒暑假的时间时，何燕同学是这样说的："我会在寒暑假时先预习一下下一学期的课本，特别是英语，这就需要提前去借课本，也可以去买课本和相应的课本同步资料。然后给自己制订好假期计划，每天看多少，做多少，每天完成任务便去happy一下，每周任务完成可以休息，双休日和同学逛逛街，打打羽毛球、排球，踢毽子，逛逛书城，有时还集体去周围的风景名胜区游玩。这样学学玩玩就特别有劲儿，也不觉得闷，反而在玩中印证书本知识时那种兴奋劲儿更令我回味。

这样一个假期下来，自己对这学期要上的课已大概熟悉了，只要上课认真听，一方面把懂的知识复习了一次，做记号不懂的又可以在课堂老师讲课时解决，这样你的课余时间便会很充足，你能够用充足时间做新的资料和提高素质的资料，那样紧跟甚至超过老师的进度就不在话下，这就是我的笨鸟先飞招了，于是我高二上学期结束时已预习完高中阶段的英语课文，对语文基础知识手册的基础内容也有所了解，这样为高三时语文的系统全面复习减少了阻力，真感谢自己当初的坚持不懈，我为当时的自己感到骄傲自豪！"

　　如果你能像何燕同学一样懂得利用寒暑假的时间，那么开学之后，你会惊喜地发现，你的学习成绩在不知不觉中已经有了提高。

高效锦囊：寒暑假要做的几件事

1. 复习上学期的学习内容，把薄弱环节加强一下。
2. 预习下学期要学的内容，不必学得多深，但要对整体有所了解。
3. 多看几本有益的课外书。
4. 离容易着迷的游戏远一点，以免开学后难以自拔。

把自习的时间利用起来

对于中学生来说，自习的时间非常关键，利用得好，就能对学习起到很大的帮助作用；利用得不好，就只能是白白地浪费时间了。

高手支招：利用好自由学习时间

（于哲平）

高中的时候学校一般还会安排晚自习，这是一天中最集中的自由学习时间，一定要合理安排好。上晚自习之前大概定一个计划，复习哪一科，准备用多长时间，做哪些练习等，如果基础不太好的话就以结合老师的进度为主，如果自学能力比较强，精力还允许的话，也可以自己再另定一套学习计划，从不同的角度（比如老师是按课本顺序，你可以按专题等）进行复习。

自习最讲求的就是自觉性，自觉地复习、预习，自觉地完成作业，自觉地修改整理问题等。道理已是老生常谈，这里只想强调一点，就是不要积留问题。问题总是越积越多，当你抱着侥幸心理告诉自己"先放一放明天再说"时，你应该想到你可能永远不会有时间解决本该今天解决的问题了。不要给自己留后路，在学习上永远对自己苛刻一些。

每天的自习时间，把今天所学的知识复习巩固，把发现的问题当天弄清楚，把做过的作业或者讲义整理一遍，整理三类题目：

（1）做错的题目，记录你做错的原因及正确的解答，以免再犯同样的错误。

（2）新的题目，即以前你从没见过的题目，多整理这样的题目能增强你遇到新题时的信心，还能锻炼思维。

（3）有新方法的题目，当老师或同学使用一种你没想到却又非常巧妙的方法解答一道题时，你应该记下这道题和方法，通过课后自习的独立思考真正理解这种方法的思维方式，消化吸收变成你自己的知识储备。能掌握方法而不是具体题目的人才能真正自主地学习。

高效锦囊：自习课不宜做的几件事

1. 自习课背英语单词。记忆类的科目应放在早上或利用零散时间来进行，在自习课记忆单词或背历史、政治是事倍功半的。

2. 盲目预习。今天的知识还没有完全消化吸收就盲目预习是最无效的劳动。

高效的时间整理术

前英国首相撒切尔夫人曾说过："事情再多再忙，也是个时间安排的问题。我的做法是，在备忘录上写下当天要做的事，然后一项一项地去'消灭'它。"高中时的学习也是十分紧张的，我们也不妨将要做的事一项项列出来，然后再去"消灭"它。

高手支招：学会使用备忘录

（李锦）

　　我有一次去图书馆看书，发现了一本《整理术：如何有效建立个人资料库》。在这本书中，作者认为，信息的输入当然十分重要，但信息的整理或许同样重要。作者结合自己的切身体会，谈了"人际关系资料的整理术""报纸、杂志、笔记的整理术""书架、文具的整理术"及"头脑的整理术"，都十分实用。比如说，作者认为，写备忘录，是将无序的头脑整理成有序的头脑的重要方法之一。我照着做了，感到的确收获不少。

　　李锦同学说，经过一段时间的实验，她的备忘录比作者介绍的又有所发展，大致可分为以下几步：

　　第一步，前一天晚上（或每天早上）将这一天要做的事情写成备忘录；

第二步，用"☆☆☆"（表示最重要）、"☆☆"（表示重要）等符号，在每项备忘录前做好记号；

第三步，每天晚上对照检查完成情况，完成了即划去，未完成的顺延入次日的备忘录。

在学习中有了备忘录，就算事情再多，时间再紧，也会不忙不乱。这可以说是一种高效的学习时间整理术。

高效锦囊：在文具盒里放张纸条

你可以在文具盒内放张纸条，写上每天该做的事情。这些事情，有可能是前一天就计划好要做的，也有可能是当天才临时决定要做的。

建立自己的生物钟

对广大中学生来说，要想提高学习效率，培养稳定的生物钟是非常有必要的。

高手支招：白天有精神，晚上有精力

（左才杰克）

提高学习效率，关键是建立自己的生物钟，保证白天有精神，晚上有精力。我建议每天都要午睡，即便是小睡几分钟，也对下午和晚上的课及复习有帮助。下午的学习结束后，一定要运动运动，因为紧张学习了一天，已经很疲劳了，如果在这个时候不运动运动，会严重影响晚上的复习效率，也可以看看电视，看一些轻松的娱乐节目或是听听歌，放松放松自己。在复习阶段形成的早起晚睡的生物钟，在高考前一周或是更早就应该试着改变，因为高考那几天肯定是要保证充足的睡眠的。

在左才杰克看来，生物钟对人的精神状态有着深刻的影响，一个习惯晚睡晚起的人在上早课时必定效率不高。他说：

"我高一时也总是爱睡懒觉，一到周末总得10点多了才起床，相应地晚上也是过了12点才睡觉。久而久之，每天早上第一、第二节课我总是会打瞌睡，而学校里早上的课总是最重要的，时间长了，损失非常大。一到晚上，我总是特别兴奋，睡不着觉，第二天早上就会更困。这样的恶性循环，对身体和学业的损害都非常大。

上了高二，我决定改变这一作息习惯。在假期里，我强迫自己早上7点钟准时起床，白天无论多困都强忍着不去睡觉，晚上11点钟准时睡觉，即使非常清醒也要静下心来躺在床上。一个假期下来，我的作息时间就变得非常有规律了。这对我学习的帮助非常大。养成这样的习惯之后，我可以保证一天的在校学习都精力充沛，而众所周知，专心听讲是学习中最重要也是最有效的环节。因此我学习起来就事半功倍了，而且我的身体状况也有所好转。调整好生物钟确实对身心都大有好处。"

高效锦囊：引以为戒的学习方式

有些同学，一方面大喊时间不够用，有压力，另一方面又十分拖沓，干什么都紧张不起来。你叫他起床，他就说"再睡一会儿"，等到起来了又说时间不够了，匆匆忙忙地糊弄两口饭，甚至牙也未刷；晚上做作业呢，大人一催他便说"一会儿做，一会儿做"，即使关在小屋里，也是磨磨蹭蹭，紧张不起来，临到睡觉了才着急，又贪黑苦熬起来。这样的学生，大家都应引以为戒。

寒假学习计划表

制订时间：　　　年　月　日

	我的安排
期末试卷 情况分析	
寒假作业 完成计划	
培优 补差计划	
寒假 日历表	

寒假日历表部分：

					春节后两日不安排学 习任务

机遇从不光顾没有准备的头脑，弱者坐待良机，强者制造时机。

——居里夫人

第二章

发挥时间的最大效益

在学习中，你必须分清主次，合理地分配自己的精力，从而用有限的时间来让自己取得尽可能高的学习效率。

给每科安排固定的时间

根据巴甫洛夫条件反射原理，如果在固定的时间学习固定的科目，每当打开书本，大脑的相关部位就会不由自主地兴奋起来。因此，在固定的时间做固定的事情，有助于取得更好的学习效果。

高手支招：固定时间学习固定科目

（李劲颖）

真正令人心惊的高三生活是从那些铺天盖地的卷子开始的。如何安排时间完成这些白花花的卷子成了首要问题，原有的时间安排受到冲击。所以我下定决心改变原有的学习方法，把每一科的学习都安排在每天固定的时间里，到什么时间做什么题，什么时候看什么书等都安排得井井有条。不管发下多少试卷，我只按自己的时间安排来做，绝不会为了完成某一科的卷子而耽误了另一科的学习。

李劲颖同学的改变是及时而正确的，她给自己定下规矩，给每科安排好固定的时间，例如早上15分钟读英语，课外活动时间做一道政治辨析题，晚上用一段时间钻研数学。睡眠、休息也有详细安排，学习和生活都有条不紊地进行。为了不一味地跟着老师跑而使学习只有数量没有质量，在每天晚上睡前，她都会闭着眼睛回忆今天所复习的内容，每个周末再把一周的知识在脑中串一遍。这么做虽然看似总是重复，但是若不这样做，前面复习完后面就会忘，尤其是文科记忆量大，更需下大功夫，第一轮复习费点力气，在二、三轮提高能力时，就可以匀出大部分精力来对知识进行深入分析。

由此看来，给每科的学习安排固定的时间，就不会为了确定学习哪一科目、完成哪一项学习任务而游移不定，白白浪费自己的时间。

高效锦囊：一天学几科最好

一般而言，一天学两科或三科为宜。一天只学一科容易疲劳和感到枯燥。每天学五科则会使每科的学习时间过于零散，不利于学习的连贯性和系统性。

利用好零散的时间

现实中，许多同学往往认为那些零散的时间没什么用处，其实这些时间看似很少，但集腋成裘，几分几秒的时间看起来微不足道，但汇合在一起就大有可为。

高手支招：积少成多效率高

（程强云）

"用零散的时间记忆零散的知识"，这句话不是我说的，是学来的，拿来与大家共享。

零散的知识主要是英语单词和语法，语文的词语、标点、熟语等基础知识。大块的读书时间可以用来读文章，记忆政治、历史、地理等系统性很强的知识，而把那些零散的知识写在小纸片上，随身携带，在零散的时间里记诵是最好不过的了。

其实，在你的日常生活中，有许多零散、片段的时间，如：车站候车的三五分钟，医院候诊的半小时等。如果珍惜这些零散的时间，把它们合理地安排到自己的学习中，积少成多，就可用这些时间做完很多事。比如你可以：

（1）处理学习中的杂事。与学习有关的事情很多，用零散的时间来收拾用具、整理学习环境，用来整理书包，按第二天上课的课程，有次序地整理教科书、笔记本，清理文具等。

（2）读短篇文章或看报纸、杂志。较短的零散时间适合读一些短篇的文章或自己感兴趣的报纸、杂志，这样可以帮助你拓展知识面。

（3）记诵零散知识。由于学习的内容和性质不同，大块的时间和零散时间的用法也不同。一门较系统的、难度较大的学科，则需要利用大块的时间，而有些内容，诸如记诵诗词、地名、年代和外文单词，就应该多利用零散时间。

（4）整理资料。学习总是离不开资料，例如书籍、剪报、期刊、科技报告、学习摘录卡等。善于学习的人大都勤于积累和加工资料，本来资料积累和加工是两个独立的阶段，但这两个阶段的工作最好交替完成，这样可以减轻工作量。利用零散的时间来整理资料是最恰当的了。

当然，还会有更好的利用零散时间的办法，可根据自己的实际情况而定。只要你坚持做下去，渐渐地就会发现，不知不觉中你的学习效率比以前提高了很多。

高效锦囊：利用零散时间的并列式技巧

零散时间的并列式，即在某项松散活动进行期间，同时开展另一项活动。例如：等人的时间，可用来背公式、记单词；散步时可用来观察事物，提高作文水平；在乘车回家时可以回忆当天的学习内容；等等。

有规律地利用时间

在学习中，有许多同学看似用了不少时间，但没什么实质的效果。这其中最大的问题就是他们没有形成固定的学习规律。学习有规律的学生，什么时间做什么事都是提前规划好的，所以他们干完一件事马上就去干第二件。这样，时间就得到了充分的利用，不会导致浪费。

高手支招：保持学习的规律性

（陆宇衡）

我每天都能很好地控制时间。即使到了最紧张的时刻，也依然能按照自己的习惯早睡早起，这种学习的"规律性"也许就是我最后夺得理科状元的原因吧。

有规律地利用时间，是提高学习效率的好办法。有的同学就是吃了不会有规律的利用时间的亏。

比如，按照遗忘规律来讲，遗忘的速度是先快后慢，时间越短遗忘得越多越快，所以学过的内容应及时复习，可有些同学总是先娱乐后复习，或攒到一块儿再复习，严重的甚至干脆仅做作业而不进行复习。还有些同学不懂得劳逸结合，大脑的工作也有个时间限度，用久了就会产生疲劳，如果不适当休息，不但不会学好知识，甚至还会影响已学过的知识。再比如，有些同学由于未依照大脑的特点来安排时间，学什么总没有个固定时间，例如做数学作业，今天早上做，明天自习做，后天晚上贪黑做，类似的学习内容没有固定时间，都是学习盲目的表现，结果大大地降低了学习效率，也就无形地造成了时间的浪费。

以优异成绩考入北京大学法学院的徐婷同学认为，要形成固定的学习规律，具体到每个阶段学什么，也是非常有讲究的。例如：

（1）早晨头脑清醒适合背诵，所以每天早晨她都背一些英语课文或名家名段；但从不利用早晨的时间写理化作业。

（2）中午午休后写作业。由于徐婷同学是班长，成绩比较好，所以有不少同学喜欢和她讨论问题。她利用中午时间写作业，这样可以做到心中有数，更好地为别人解答。

（3）自习课和晚自习做练习题。她始终坚信"熟能生巧"，因此，做练习题是她每天最愿意干的事。

（4）带学习资料回家。她晚上回家通常是带一些英语语法之类的资料，分专题读一些，如虚拟语气、连词等。

三年每天如此，学习越有规律，效率越高，成绩上升得越快。

高效锦囊：到什么时间做什么事

在时间安排上一旦形成了固定的规律，到时间就起床，到时间就睡觉，该学习时就安心学习，到了锻炼时间就自觉去锻炼，形成良好的学习习惯，学习效率自然会得到提升。

主动确定学习任务

在学习中，同学们要学会在单位时间内为完成自定的任务而努力。这样就能提高学习的主动性和学习效率。

高手支招：主动确定学习任务

（杨松良）

上小学时，同学们习惯等着老师布置任务，老师让干什么就干什么，自己还不会主动提出学习任务。这种心理状态，完全不符合中学的学习要求。作为中学生，面对那么多的课程、那么多的内容，要学会自己主动确定学习任务，这样才能提高效率。效率问题的核心，是单位时间所掌握知识的数量和质量。要分秒必争，提高效率，就要善于随时向自己提出任务，培养"不达目的誓不罢休"的拼搏精神。

关于如何提高单位时间所掌握知识的数量和质量，杨松良同学进一步进行了阐述：

"例如，学习英语主要靠实践，要多读、多听、多说、多译。课堂上时间有限，中学班级人数又多，不可能每人每堂课都有公开实践的机会，那怎么办呢？可以'见缝插针，自提任务'。在老师读、讲、说的时候，自己可以默默地跟着读，模仿老师的语音和语调；当别的同学回答问题时，自己也默默地答。这样，就增加了学习时间，充分利用了每一秒钟。再如，老师板书单词、句式时，自己可以利用这几十秒钟练习拼读和书写；老师对'主语'提问，自己便可以问：如果对'谓语''状语''宾语''定语'又怎么提问呢？只要有分秒必争的精神，随时随地都有实践的机会。"

　　记住，当没有人向你提问题的时候，你就要自己给自己提问题，自己寻找答案，这也是提高学习效率的一个好方法。

高效锦囊：课堂上主动确定学习任务

　　在课堂上，有许多主动确定学习任务的机会，问题是自己会不会去利用和把握这些机会。例如，老师为同学们订正错误，向同学提问，组织讨论时。再如，老师留时间让同学们自行消化，下课前做小结时。可以说，课堂上主动确定学习任务的机会随时都有。

在学习和娱乐之间找到平衡点

中学生的好奇心很重，也很容易受到外部各种各样事物的诱惑，比如视频、游戏、小说……为了不让自己的学习被干扰，你所能做的就是：提高自制力，学会对干扰说"不"，离容易着迷的东西远一点儿。

高手支招：自律自制，提高效率

（张南飞）

在学习方面，我自制力还比较强，但不算很刻苦，有很多人比我更加勤奋。我属于学习效率比较高的类型。而且我们学校也给学生一个比较宽松的学习环境，主要靠学生的自制力。就是在备考最紧张的时期，我仍然有足够的娱乐时间，但我总能很好地控制自己，掌握分寸，在学习与玩乐之间找到平衡点。

这种较强的自我控制能力也许就是张南飞同学最后夺得理科状元的主要原因吧。没错，你可以不比别人更勤奋，但你一定要有足够的自制力，能够在日常的学习之中管住自己，这样才能保证学习质量和一定的学习时间。想做到这一点首先必须远离诱惑。离手机、电视、电脑、小说等让你容易着迷的东西远一些。现在，很多中学生喜欢打各种网游，这些活动是连大学生都会上瘾的，更别提年龄小、自制力差的中学生了。所以还是少接触为妙。

当然，远离诱惑并不就是远离娱乐。适当的娱乐也是保证学习质量的必要条件，一天到晚对着课本是不可能有高效率的。

对于中学生来说，室外运动是一种不错的放松方式。几个朋友一起打球、游泳就是非常不错的娱乐，既可以舒活筋骨又可以抖擞精神。

总而言之，玩，要开开心心地玩，而到了学习时间，就应该全神贯注、不开小差。

高效锦囊：把学习任务进行细分

在完成某项任务的时候，把这项任务细分，规定每个小部分的完成时间。例如计划是复习一个小时的英语语法，则可以事先大致想好几分钟看一页。假如看前一页的时候开了小差超了时，后面就注意把效率再提高些。这种方法可以减少开小差的次数，削弱开小差的影响。

当天的任务当天完成

很多同学有把今天的事情拖到明天去做的习惯，并且还要千方百计地找理由来安慰自己。可是你知道吗？要想有时间，就必须抓住每一分、每一秒，不让每天虚度。向往明天而放弃今天的人，就等于失去了明天，结果还是一事无成。而把握今天的秘诀是"今天的事情今天做"。

高手支招：今天的事情今天做

（周蕾）

  我认为同学们在备考过程中必须要养成的一个好习惯就是平时做事要高效率，不能拖。今天的事情今天要做完，而且做什么事都要专心，如果做事不专心，那么事情就会既做不好又耽误时间，还会影响后边的事。

  因为我的事情比较多，以前母亲也督促我抓紧时间。我抓紧时间做完我该做的事就可以放心去玩，一般这对小孩子是一种奖励，而我快些做完事就去玩这是一种很简单的目的，慢慢地就形成习惯了。还有就是做一件事要么就不做，要做就做好，这也是我平时的一种习惯，我一参与到某件事情中去，就会全身心地投入，不会有什么其他顾虑。

  周蕾同学将她成为高考状元的原因归结为拥有"今日事今日

毕"的良好习惯，她认为，养成这种好习惯的同学的考试成绩比那些在同等条件下没养成这种好习惯的同学的考试成绩会好许多。

以优异成绩考入北京大学光华管理学院的赵聪同学也是如此，他说："从小到大，我一直是个乖孩子。小时候每天放学回家，我一定先把作业做完才肯看电视。直到高中，我仍然是每天及时复习巩固当天学过的知识，决不欠账。每天放学回家，我都要先想一想白天在学校学了什么。如果学了数学，我一定要做这一部分的习题来加以熟练。如果是历史、地理、政治，就一定要及时理解并记住。有时候面对这么多功课，真想推到明天再做。可是明天还有明天的学习，千万不可'明日复明日'，要知道'明日何其多'，唯有'今日事今日毕'，日复一日地积累，才能取得好成绩，实现梦想。"

时间很公平，给每人每天都是24小时。但是，同是24小时，不同的人会有不同的效率。有的同学学习、生活、休息井井有条，学习效果也很好；而有的同学却相反。主要问题就是他们没有形成限时完成学习任务的观念，今天推明天，明天推后天，问题越积越多。因此，要想在学习中提高效率，就必须牢牢记住今天的事一定今天完成，不要总推到明天，养成拖拉的不良习惯。

高效锦囊：每天睡觉前问自己三个问题

1.今天的学习任务我都完成了吗？

2.今天所学的知识我都掌握了吗？

3.明天要学什么我心里有数吗？

一周学习计划表

记得你的理想：

记得你的座右铭：

记得你的口号：

本周为本学期第　　周，从　　月　　日至　　月　　日

本周目标			
周	计划／任务	完成记录	备注
周一			
周二			
周三			
周四			
周五			
周六			
周日			
一周总结			

第三章

节省时间有技巧

在学习中，你要懂得珍惜时间，更要学会运筹时间，使自己在最短的时间内，取得最好的学习效果。

善于利用自由时间

在学习中，应该把主动权牢牢地掌握在自己手中，被动的学习永远是事倍功半的。善于利用自由时间则是掌握学习主动权的一个很好的方式。

高手支招：拥有属于自己的自由时间

（杨楠楠）

我始终认为学习中应该掌握主动权，决不能让老师、作业牵着鼻子走，决不能让自己成为学习的奴隶。不能等着老师为我们布置作业，要自己去找题做，找书读；不要等着老师给我们提出问题，要自己去发现问题，并争取独立把问题解决；更不要在老师的批评下去学习。我们应该形成一种"超前意识"：别人做的，老师要求的，我们当然要做完做好；别人未做的，老师未要求的，我们仍然要去做，并争取把它做完做好。掌握主动权最显著的一个效果是，你可以拥有更多属于自己的自由时间，你可以按自己的意志随意学习。

对于学习基础不好的同学来说，在开始阶段自己可支配的自由学习时间几乎没有或者很少，因为他们每天完成老师当天布置的学习任务就很不容易了。但随着学习水平的提高，他们的常规学习时间将会逐渐减少，而自由学习时间会逐渐增加。由于开始阶段自由学习时间较少，所以一般学生往往不容易抓紧，这也恰恰是他们被动学习的局面难以改变的原因。

因此，刚开始执行学习计划时，可能会觉得时间特别紧张，但这时即使需要占用一部分个人的娱乐和休息时间，也要确保计划的完全落实。只要坚持走过了开始这个阶段，过于紧张的学习状况就会改变。一个学生如果能感到自己学习上有差距，并且希望尽快改变这种学习状况，那他就应当以分秒必争的精神去抓个人的自由学习时间。

总之，一旦抓住了自由学习时间，自己掌握的学习主动权就会越来越大。

高效锦囊：被动的学习方式

1.认为把老师布置的学习任务完成就万事大吉了，剩下的时间都用在娱乐上。

2.有问题解决不了就找老师，不懂得自己独立去思考。

根据优势和劣势分配时间

所谓"有效偏科"，就是"哪壶不开提哪壶"，哪门功课我越感觉自己没学好我就越要花更多时间、精力去学好它，越是感觉困难大的科目就越是要努力拿下它，"啃的就是硬骨头"。这与一般的"偏科"的意思截然相反，而是反其道而行之。

高手支招：有效偏科，重点突破

（杨柯）

杨柯透露，她学习很讲究计划，高三备考过程中，她制订了一个符合自己实际情况的计划表，并且严格地按照计划表执行。计划表依据什么制订呢？杨柯表示，应根据自己的优势和劣势制订。比如，文综中的历史科目一直是弱项的杨柯，如有两小时的时间复习文综，那么，她会拿一个半小时的时间完成历史，半小时给地理和政治。

在"有效偏科"的基础上，另一位优等生冯笑同学还提出了"重点突破"的思路。她觉得，如果自己某一学科稍差，光是多花一些时间"偏科"还不够，还要分析自己在这一学科中哪一部分最差，再来个"重点突破"。换句话说，就是在"偏科"中再来个"偏科"，集中兵力，先打开一个突破口。

冯笑同学说，她自己曾分析过，自己在语文、数学、英语等几门主科中，英语最差，为此自然应该多花一些时间在英语上，把这一门功课拉上来。而把大大小小二三十次考试的情况一分析，在英语考试中，失分最多的是完形填空，别的，如词汇量、阅读乃至写作，都失分不多，至少不比班上同学的平均水平差。于是，她专门去书店，买来《高考英语必备完形填空》《完形填空典型题1000例》等专门针对完形填空的书，来个"重点突破"，效果相当好，这一"丢分大户"，现在一跃成了"得分大户"。而这一块突破了，整个英语的成绩也自然上了一个台阶。以至于最后，英语竟成了她的强项。报志愿时，她毫不犹豫地报了英语专业。

高效锦囊：要警惕两种现象

在学习中，要警惕下面两种现象：

1. 只注重自己的优势科目，对弱项不懂得加强学习力度。

2. 搞绝对的平均主义，最后导致强项不强、弱项更弱。

学会自我学习

对那些学有余力的同学来说，要想最大限度地节省学习时间，就应该学会自我学习，不要被老师牵着鼻子走。完全不听老师的当然不对，但在自己有能力自学时也被老师牵着鼻子走，那大好的时间就真的浪费掉了。

高手支招：有效利用上课时间

（金奇敏）

老师是在给至少50名学生授课，而不是专门为你量体裁衣，所以老师讲的内容肯定不是完全适应于你的。我在高三的数学课上就遇到了这个问题，那时我是班里的数学课代表，数学成绩高出全班平均水平一大截。数学老师是根据大家的平均水平讲课的，所以他上课讲的很多题目对我来说一点难度也没有。如果在这种情况下他说什么我照听不误，岂不是既浪费时间又妨碍自己水平的提高？于是我上课时要是觉得老师讲的东西太简单，就自己做其他题目，下课后再去找老师解决没有弄懂的难题。这样做既能有效利用上课时间，又能弄懂难题提高自己的水平，何乐而不为？

也就是说，在有余力的情况下，要鼓励自己敢于抛开老师自学。一些优等生专门总结了一个自学三部曲，非常值得同学们借鉴：

（1）先将课本上的知识点整理出来，当然，这是在预习课本的基础上进行的，找出重点及难点，对课本上的概念、定理、定律仔细琢磨分析，找出其成立所需的条件，它的意义亦即用途，可以解决哪些相关的题目，这些都要结合一定的习题来训练。

（2）将自己不懂的问题记下来，拿去跟老师讲的内容对照，检查自己思维的严密性。

（3）将老师的解答经过归纳后记录下来，但不必将老师讲的每一句话、每一个字都记，只记那些自己思路不清的地方就可以了。

高效锦囊：最无效的学习方式

1. 离开老师就不会学习，不能安排自己的学习内容。

2. 只知道盲目地死记老师的每一句话，不懂得举一反三。

充分利用身边的资源

对于学习任务重、时间紧的中学生来说，学会充分利用身边的资源也是节省时间、提高学习效率的一个好方法。

高手支招：分工合作效率高

（刘英豪）

在我的班级中，没有人能够独立应付所有学科的学习，平时遇到不懂的问题是常有的事，于是，互相请教便成了家常便饭。没有人以向他人请教为耻。大家在互相请教中成了好朋友。平时，志同道合的同学便会在一起讨论同一个话题。在遇到较多难题时，光是一个人独立思考，有时时间是不够用的。我们几个常采用分工合作的方法，每人解决几题，然后告诉其他同学。这种方式对我的学习有很大帮助，使我了解了不少其他同学的新颖思路。在空闲时，我们常找些题互相考，遇到新奇的题目也一定会挑出来共享。可以说，同学们充分地利用了资源，发挥了各人的长处。

所以说，"学问"，就是既要自己学习，又要向其他人请教。学习过程中与他人的交流是十分重要的。我们既应该在学习遇到困难的时候找老师帮忙，又应该与自己周围的同学进行讨论。我们既应该向比我们学习好的同学请教，也应该向学习不如我们的同学学习。

为什么说学习中与他人的交流是重要的呢？因为一个人的思维容易陷入习惯定式，这很容易使人"钻牛角尖"。而与他人交流、讨论、辩论，可以互相启迪心智，从多角度分析处理问题，这样对于培养人的思维能力是十分有好处的。试想，你是否遇到过如下情景：碰到一道数学难题，每个同学的解题思路完全不同，即使你用自己的常规方法能够把题目做出来，但也许这种方法是最烦琐的，其他同学可能会发现更简便的做法。再比如，对于同一个作文题目，不同的同学会有不同的谋篇策略、不同的论点、不同的论据、不同的写作方式，如果大家能够坐下来共同讨论，那么每个人的写作能力都会有所提高。

高效锦囊：最应该避免的学习方式

1.过于爱面子，遇到难缠的问题宁肯自己"钻牛角尖"也不愿问同学或老师。

2.不经过自己的思考，不懂就问，渐渐削弱了自己独立思考的能力。

"疲劳战术"浪费时间

学习是一种高强度的脑力劳动过程，它需要我们时刻保持清醒的头脑，否则将难以保证学习效率，我们不能以时间论成绩，更不能通过加班、加点拼时间来换取一时心理的快慰。众所周知，中学生学习离不开养精蓄锐，不能打疲劳战，必须注意劳逸结合，不会休息，就不会学习，现在的放松是为了后面更有效率地学习。

高手支招：从来不开夜车

（曾昭仪）

曾昭仪说，她是个很懂得为自己做计划的人，她常常为自己制订长期和短期的学习计划。她从来不开夜车，每天都会按学校规定的时间作息，一般晚上都不会超过10时30分便会休息。

曾昭仪也不认同题海战术，在班上绝对不是那种学习时间最多的学生。她比较注重技巧，要用功，并不是一味地埋头做"苦"功。

很多同学经常熬夜学习，这种刻苦的精神的确值得我们学习。但是要想提高学习成绩，最重要的是想办法提高学习效率，而不是一味地加班加点。熬夜苦读，只能说明你的学习效率很低，没有有效地利用自己的时间。

学习不需要熬夜，有的同学可能就为了求得在学习时间上不输给别人，一直在看书做题。大脑的效率是有限度的，与其低效率地学习，不如早点入睡，养好精神，第二天再去高效率地学习。如果晚上休息不好，第二天上课时犯困，晚上又熬夜来补，这样就会形成恶性循环。很多优等生在高中时每晚学习到10时30分，然后躺在床上再回忆一下一天所学的知识，到11时左右也就睡了。到了夏天，尤其要午休，小睡一会儿，精神就会好很多。记着，你不是与别人在比拼时间，而是比拼效率。

高效锦囊：消除学习中的疲倦感

既要会学习，也要会休息。在紧张的学习中，"疲倦感"一旦产生，对你的学习效率就有极大的负面影响。所以注意一定要把自己的生活安排得愉快、充实。这样，每一天醒来都会满怀信心，以最佳的精神状态投入学习。

学期学习计划表

本学期学习目标		
周次（具体日期）	学习计划、安排	完成进度
一		
二		
三		
四		
五		
六		
七		
八		
九		
十		
十一		
十二		
十三		
十四		
十五		
十六		
十七		
十八		
十九		
二十		

第一章

预习：提高学习成绩的关键

　　课前预习是学习的重要环节，预习可以扫除课堂学习的
知识障碍，提高听课效果；还能发展学生的自学能力，减少
对老师的依赖，增强独立性，改变学习的被动局面。

课前预习五步走

课前预习是最主要的一种预习方式，它的目的就是通过阅读教材，达到对新知识的了解、理解和掌握。

高手支招：课前预习读教材

（张正为）

课前预习的任务主要是初步理解下一节要学的基础知识；补习与新内容相联系的旧概念、旧知识；归纳新知识的重点，找出自己不理解的难题。课前预习的方法主要是阅读教材，由于我们对教材的内容已有了初步了解，因此对老师上课所讲的内容和板书所写的内容，哪些是教材上有的，哪些是老师补充的一清二楚。记笔记时重点记教材上没有的或自己不清楚的，以及老师反复提示的关键问题。这样，就可以把更多的时间和精力用于听讲和思考问题。

在进行课前预习时，同学们可以按以下五步来做：

第一步，认真通读教材，边读边思考，找出重点、难点和疑点，可以适当地做笔记或批注。

第二步，利用工具书、参考书扫除障碍。

第三步，对不懂的问题进行分析，如果是由于旧知识被遗忘了或存在知识缺陷，要及时补救。把经过努力思考后还不懂的问题记下来，等上课时听老师讲解。

第四步，读完教材后合上书本，围绕预习任务思考一下，教材讲了哪些内容，主要思路是什么，哪些是新知识，与新知识有关的旧知识是什么，还有哪些问题不理解，等等。

第五步，如果时间允许的话，可以试做一些练习题，检查一下预习效果。

阶段预习是一种宏观性、综合性的预习，主要是了解总体知识的脉络和体系，因此宜粗不宜细。

高效锦囊：灵活选择预习的方式

预习的方式是精细还是粗略，精细、粗略的程度如何，要在预习前想到。如英语每堂课语法单一、单词量少，只要稍做了解就行，但像物理这样的课程，逻辑性强，难度大，最好采用精细的方式预习。

课前预习的内容与注意事项

课前预习是学生学好新课，取得优异成绩的基础。如果不提前做好课前预习，上新课时就会仓促上阵，心中无数，不得要领，以至于对新课的知识难以消化。

高手支招：预习让你掌握学习主动权

（赖文英）

做好课前预习，不仅可以培养自学能力，还可以提高学习新课的兴趣，掌握学习的主动权。对新课内容有了初步的了解，就可以集中精力对付新课的重点和自己搞不懂的问题，跟上老师的教学进度，充分掌握新知识。

1. 课前预习的内容

课前预习的内容主要有以下几个方面：

（1）围绕基本概念、原理、法则、规律、公式等阅读教材。

（2）做课后练习题，目的在于检查自己阅读时对知识的理解程度。

（3）结合练习题再读一遍教材，以期对知识有较深入的理解。

（4）发现先前的知识没有掌握时，回过头补上。

2. 课前预习时要注意的事项

（1）根据老师的教学进度、教材本身的内在联系和难易程度，确定预习的内容和时间。自学能力较强的同学，可以提前一周自学下周要学的新课，也可以先初学一遍新教材，然后在上新课之前（一日或一周）再自学一下即将（次日或次周）要学习的内容。预习的时间一般安排在完成当天功课之后的自习时间内。

（2）课前预习要讲究质量，不要有依赖老师解决问题的思想，而应力争在老师讲课以前把教材基本或大部分弄懂。

（3）反复阅读新教材，运用已学的知识、经验以及有关的参考资料，多问几个为什么，进行积极的独立思考，发掘新旧教材的联系，掌握新课的基本内容，尽力弄懂新教材中的每一个新概念，找出重点和难点，明确新课要解决的主要问题。

（4）将新教材中弄不懂的问题和词语记下来或在课本上做记号，使自己的大脑处于积极的思考状态，为接受新知识做好思想准备。

（5）不懂的问题，经过独立思考（包括运用参考资料）后，仍然得不到解决的，可以请教老师、家长、同学或其他人。

高效锦囊：课前预习要有时间限制

对中学生来说，学习任务相当繁重，不可能抽出很多时间进行预习。再者，长时间的预习会使人感到疲劳，效果也不好。一般来说，每天抽出20～30分钟的时间进行预习即可。

加深预习的印象

预习的关键是要真正学进去，有些同学很随便地看看书就说预习完了，这样的预习几乎没有什么效果。因此，为了加深印象，时间充裕的同学最好将预习分成两步走。

高手支招：预习两遍，深化认识

（宋天奇）

预习最好分两步，即预习两遍，看自己在不同的时间里对同一问题是不是有不同的看法。再来听老师的讲解就会有更加深化的认识。时间间隔以一天为最好，在时间充裕的情况下可以提前查阅资料，对将要讲的知识做到心中有数，也能增加学习的信心。如果时间较少，也可以大概地学习，但绝对不能一无所知，冒冒失失地就去听课，那样学习效果不会好。

根据宋天奇同学的预习经验，我们可以进行以下灵活运用：

（1）宋天奇同学每次预习的时间掌握在30~40分钟，即约一节课的时间。这一点，似不必拘泥，完全视预习的对象和自己的时间而定。预习的功课难，自己的时间宽，那么预习的时间也就不妨长一点；预习的功课易，自己的时间紧，那么预习的时间就不妨短一点。比如一位同学在总结自己的学习时说："20分钟的预习，改变了我学习被动的局面。"

（2）预习两遍，间隔一天。比如，对化学卤族元素这一单元内容，周三用30分钟预习一遍，周五再用30分钟预习一遍，这样到了下周老师讲到这一单元的内容时，就能够更深地理解老师所讲的内容，更准确地把握难点、重点。

（3）如果时间充裕，应多查课外资料，将预习引向深入；如果时间较紧，也至少应大致翻翻。不应不经预习一无所知就去听课，那样学习效果不好。

高效锦囊：预习要有重点

预习的重点，应该放在自己的弱势科目，或者是某些课内听课任务重、非得靠课前预习来辅助完成听课任务的科目。也就是说如果不预习，听课就很困难，或者效率低，那么就一定要安排预习。反之，如果不预习，听课也能很顺利，收效高，则不安排预习也无妨。

预习要"因科制宜"

大家都在预习，但为什么有的同学效果明显，而有的同学却不见成效呢？其实，这主要还是方法有问题。最重要的是，预习应该根据不同类型的科目选择不同的预习方式。

高手支招：不同课程巧预习

（刘志强）

要想提高你的学习成绩，必须牢牢抓住预习这个关键环节。但怎样才能提高预习的效率呢？就我个人的体会看，预习的任务实际上至少包括两个方面：一是标明不懂的地方，二是记住基本的框架。不少同学只完成了头一项任务而忘记了第二项任务，预习的效果当然就不太好了。还有最重要的一点是：预习应该根据不同的课程"因科制宜"。

在预习不同的课程时，应注意以下两个方面的问题：

（1）如果这堂课偏重概念或定理，那么我们把书上的内容通读之后，首先应该回想一下，这一节中有几个概念、几条定理，它们都说了些什么？如果还不清楚的话，就应该再仔细地阅读，不能怕"浪费时间"。等把这些问题都弄清楚了，再结合书中的例子，对每条定理、每一概念逐一进行剖析，加深理解。值得注意的是，定义都是用最精练的语言写成的，抽去或者忽略其中任何一句话，甚至一个字，都可能歪曲其本来的意思或者产生理解上的错误。所以，预习时对这些定义应该逐字逐句地进行分析。

（2）如果这堂课是做实验，那么我们首先应该了解本次实验的目的和要用的器材。其次是要了解实验步骤，一边看书，一边在脑子里进行"实验"，尽力想象每一步骤中会出现什么现象，这些现象可以用哪些定理、定律来解释。对于书上指出的一些注意事项，我们也要想一想，为什么要注意这些问题？反之，又会如何？这样可以提高实验的成功率，也可以加深对实验的印象。

高效锦囊：预习应该适度

适度的预习应该是：

1. 重温相关知识，扫清听课障碍。

2. 大致了解新课的内容和思路。

3. 找出疑难问题和需要深入研究的问题。

层次分明的提纲预习法

提纲预习法是一种适用于文科的高效预习方法。

高手支招：适用文科的提纲预习法

（张丽娜）

预习时把重点画出来，这只是第一步。像历史、地理、生物、政治等科目，还可以运用提纲预习法，以增强预习效果，加深理解和记忆。

这种提纲预习法就是把所学的内容列成不同形式的提纲，提炼概括为有逻辑联系的纲要结构，使之脉络清晰、层次分明、文字精练、观点突出，便于掌握章节大意和中心思想。

下面，张丽娜同学以历史课的"战国、秦、汉"单元的第一章第一节"商鞅变法和封建制度的确立"为例，来为我们详细介绍提纲预习法：

第一个问题：战国七雄（略）

第二个问题：商鞅变法（提纲列法如下）

1. 背景

·土地所有制改变，封建经济要求发展

· 各国相继变法，公元前356年秦孝公任用商鞅实行变法

2.内容

· 废除井田，承认土地私有

· 奖励军功，废除世袭特权

· 建立县制，实行中央集权

· 奖励耕织，禁止弃农经商

3.意义

· 打击了奴隶主贵族，壮大了地主阶级

· 确立了封建制，奠定了统一基础

第三个问题：封建制度的确立（略）

通过上例我们可以看到，每一课的预习都可以根据情况先列若干大提纲。根据课文可列出"背景、内容、意义"三个大提纲，然后再在每个大提纲下列出若干小提纲。

提纲预习法层次分明、脉络清晰，既容易理解，又便于记忆。应该说，这种预习法对历史、地理、政治等科目的学习确实有不错的效果。

高效锦囊：编制"补充目录"

因教材的目录仅列出每课的名称，比较粗略，预习时不妨将每课下的小标题抄下，编成"补充目录"，有利于对学习内容层次感的把握。

数学预习的方法

预习课本

逐字逐句地阅读下一节课的授课内容，弄清中心问题，明确目的、要求，力求了解新知识的基本结构，从总体上做概要性把握。

预习定理

找出定理的条件、结论，分析定理的使用环境及证题的类型，尤其注意条件的严密性，若有条件减弱会有什么结果。

预习公式

抓住公式的结构特征、使用条件，了解公式的求解对象，思考能否对公式进行变形，变形后有什么新的功能。

预习例题

思考例题考查哪些知识点，例题使用了什么样的解题方法与技巧。

自查疑难

数学知识连续性强，前面的概念不理解，后面的课程就无法学下去。预习的时候发现学过的概念不明白、不清楚的，一定要在课前查阅有关内容搞清楚，力争经过自查不留疑难。

第二章

听课：向 45 分钟要成绩

　　中学阶段，上课是获取知识、发展智能的主要途径。上课是整个学习过程的中心环节，只有抓住了这个中心环节，才能使学习获得成功。

紧跟老师的思路

每个老师授课都有自己独特的思路，在听课时，如果能够紧跟老师的思路，就能取得良好的学习效果。

高手支招：上课时要避免顾此失彼

（庆出蓝）

以前，我听课遇到不懂之处，总是急于马上弄懂。但是，当我还在继续思索这个没弄懂的问题时，老师却按教学进度继续往下讲了。因此下面的内容我就没有听进去，只得下课后自己去啃。这样常常事倍功半，甚至劳而无功。后来，我改变做法，听课遇到疑难时，就在书上做个记号，继续听课。有时会在接下来的听课中茅塞顿开；如果仍未弄懂，就课后思考；课后钻研仍无法解决，再和同学讨论或请教老师，直到弄懂为止。总之，上课要紧跟老师的思路，不能只顾自己思考问题不听课，要避免顾此失彼的被动局面。

下面我们来具体介绍一些上课时，如何紧跟老师思路的方法：

1. 根据课堂提问紧跟老师的思路

老师在讲课过程中往往提出一些问题，有的要求回答，有的则是自问自答。一般来说，老师在课堂上提出的问题都是学习中的关键，若能抓住老师提出的问题深入思考，就可以紧跟老师的思路。

2. 根据老师的提示紧跟老师的思路

老师在教学中经常有一些提示用语，如"请注意""我再重复一遍""这个问题的关键是……"，这些往往体现了老师的思路。

3. 紧跟老师的推导过程

老师在课堂上讲解某一结论时，一般有一个推导过程，如数学问题的来龙去脉，物理概念的抽象归纳，语文课的分析等。感悟和理解推导过程是一个投入思维、感悟方法的过程，这有助于理解记忆结论，也有助于提高分析问题和运用知识的能力。

高效锦囊：紧随老师讲课的思路

认真地进行了预习，并不是说听课时思想就可以放松了。因为老师非常了解学生哪些地方容易混淆，知道哪些内容是重点，所以老师会特别强调，会讲得深透一些。我们应当认真听讲，紧随老师讲课的思路。

科学整理笔记六步法

很多笔记是上课听讲时记的，由于时间紧，难免会有杂乱无章之感，所以要学会科学整理笔记的方法。

高手支招：高效笔记整理术

（邓靖芳）

> 我学习的经验之一就是，不光要会记笔记，还要善于整理笔记，使笔记便于复习使用，以发挥笔记的最大效能。

由于种种原因，同学们在课堂上所做的笔记，往往比较杂乱，课后觉得不好用。为了巩固学习效果，积累复习资料，确有必要学会整理课堂上做的笔记，使之成为清晰、有条理、好用的参考资料。这里介绍一套整理课堂笔记的六步法：

1. 记

趁热打铁，课后立即抓紧时间，对照书本、笔记，及时回忆有关信息。实在回忆不起来，可以借同学的笔记参看。这是整理笔记的重要前提，为笔记提供"可整性"。

2. 补

一般的讲课速度要比记录速度快，于是笔记就会出现缺漏、跳跃、省略、简洁甚至以符号代替文字等情况。在回忆的基础上，及时做修补，使笔记有"完整性"。

3. 改

仔细审阅笔记，对错字、错句及其他不够确切的地方进行修改。其中，特别要注意与解答课后练习，与学习目的有关的内容的修改，使笔记有"准确性"。

4. 编

用统一的序号，对笔记内容进行提纲式的、逻辑性的排列，注明号码，梳理好整理笔记的先后顺序，使笔记有"条理性"。

5. 分

以符号、文字（最好用红笔）等划分笔记内容的类别。例如，哪些是字词类，哪些是作家与作品类，哪些课文是分析类，等等。为分类摘抄做好准备，使笔记有"系统性"。

6. 舍

省略无关紧要的笔记内容，使笔记有"简明性"。

高效锦囊：将笔记内容分类整理

经过这六步整理的笔记，将同类的知识抄在同一本练习簿，或一本练习簿的同一部分里，也可以用卡片分类抄录。这样，日后复习、使用就方便了，按需所取，纲目清晰，快捷好用。

把听课和思考结合起来

有很多同学反映：上课时老师讲的我都听了，为什么学习效果还那么差？最主要的原因就是这些同学上课时只是盲目地用耳朵在听，而没有用大脑进行思考。所谓"学而不思则罔"，说的就是这种现象。

高手支招："听""思"结合

（丁化民）

同样是听一堂课，为什么有的同学收获很大，而有的同学却收效甚微呢？后者的主要原因就是他们没有把"听"和"思"结合起来。要知道，听课的含义远不止被动地听老师在说什么。我有一种方法可以帮你有意识地进行思考，即老师一边讲，你一边猜想老师下面要说什么，这会促使你全身心地投入，积极地倾听和思考。因此，不要做一个被动的信息接收者，要充分调动自己的积极性，将自己的思维和老师的讲课过程紧密地联系起来，这样听课的效果才最好。

由此可见，在听课时积极思考多么重要。那么，在课堂上如何听思结合呢？

（1）超前思考，比较听课。上课不仅要跟着老师的思路走，还要力争走在老师思路的前头。譬如，老师刚提出一个问题，就应主动去寻找答案，然后和老师的答案核对。自己想对了，老师再一讲，就记得更扎实；想不出来，或和老师的答案不一样，再听老师的讲解，自己的理解也会更深刻。

（2）从老师的讲解中舍弃那些非本质的表面材料，去粗取精，归纳出老师所讲内容的梗概，领会老师讲解的要点，并使这些内容与自己原有的知识结构融为一体。

（3）揣摩老师讲解的意图。弄清老师是在陈述一件事，还是在说明一种物；是在抒发某种感情，还是在发表某种议论；是在探讨某个问题，还是在提出某种疑问。

（4）体会老师在讲课过程中提出的有益的学习方法，并寻找合适的机会灵活运用，以提高自己的学习效率。

高效锦囊：融合老师的思路

听课时，在理清老师思路的基础上，思索老师用了哪些思考方式，思考过程是怎样的。将老师的思路与自己的思路相融合，才会有最佳的听课效果。

积极参加课堂提问和讨论

学生在听课的时候要主动、积极地参与课堂内的全部学习活动和思维活动。要大胆发言，积极参加课堂讨论，争当课堂学习的主人。

高手支招：不做课堂旁观者

（周文涓）

我的成绩来自兴趣与钻研，平时上课时，我很重视老师讲的内容，并结合自己的思考来对知识进行深入理解。

有的同学认为，上课就是老师讲，学生听；他们把学习比作送货进仓，自己只要打开"仓门"等老师把货物装进来就行。这样的听课，是把自己放在被动的地位。

老师的讲解和指导为同学们的学习创造了前提条件，但老师的讲解和启发再好，如果同学们不积极参与，不主动消化和吸收，也是不能很好地完成课堂学习任务的。课堂学习和吃饭一样，别人是不能代替的。所以要上好课，必须积极参与课内的全部学习活动，不当旁观者。具体地说，对老师的每一个提问，都要积极思考，主动发表自己的看法，认真参加讨论；对每次演示实验，都要仔细观察或参与。

在课堂上，要做到积极地参与，以下这两个小问题不能不高度注意：

（1）我是否掌握足够的知识去积极参加课堂讨论？由于绝大多数老师都紧跟教材，所以一般情况下，都可预测出课堂讨论的内容。如果你没有勇气发言，就要事先猜测一两个你认为可能讨论的题目，并做好准备，这样会使你有安全感，能帮助你克服对发言的恐惧。

（2）我是否有回答正面问题的聪明方法？回答问题最好用肯定形式，而不是否定形式。切勿首先对自己答案的正确性提出疑问，如，一开始就说："这样说不对吗？"或"书上不是说……"结果还没等你开始解释自己的观点，就令人怀疑了。

高效锦囊：课堂讨论的好处

课堂讨论能促使你积极思考，加深对所学知识的理解。即使自己意见不对，也能及时发现自己的弱点并克服。讨论时你听了各种意见，自己容易受到启发而产生新的创意。讨论还能锻炼一个人的口头表达能力，提高人的辩论能力。

当堂知识当堂消化

课堂上坚持当堂知识当堂消化，这一原则对同学们提高听课效率非常重要。

高手支招：及时进行归纳、总结

（李龙）

消化好老师的讲课内容最为重要。因此，课堂听讲一定要多琢磨，想一想为什么运用这个公式，为何采取这些解题步骤，与之前做过的类似题目有哪些不同，及时进行归纳、总结。

当堂知识当堂消化，很多同学不是做不到这点，而是有"想等课后再复习"的心理，换言之，就是他们在听课过程中有"课上没做到课后补"的思想。本来课堂上能完成的任务，一定要用课后时间来完成，这就将自己的课余时间给占用了。现实中有的同学课堂上没听好，课后加班加点地补，造成第二天听课没精神，听课质量就更不好，从而造成恶性循环，使自己越陷越深，这样发展下去，最后只能自暴自弃，由跟不上课变成了根本不听课，一到上课就想东想西、看课外书、打瞌睡。这样发展的结果是，高考之后乖乖打道回府。

那么，如何做到当堂知识当堂消化呢？下面有一些方法可以借鉴：

（1）在课堂上认真听讲，老师讲到哪里你就听到哪里，想到哪里。

（2）充分利用老师安排给你的机会和时间，阅读分析课本知识，讨论解决疑难问题，快速识记、强化理解课堂内容。

（3）利用老师讲解的间隙（如板书、停顿），迅速回忆一遍所学知识的内在联系，以便及时消化、吸收。

（4）认真而有创造性地做好老师布置的课堂作业。

（5）留心结束语。结束语是老师对一节课所教内容的概括总结，留心它，有助于把握这堂课的整体。

高效锦囊：听课时要同时运用眼、耳、脑

眼，要注意看老师和老师写在黑板上的东西；耳，要尖，要善于发现老师提出的重要观点，听出同学提问的难易；脑，要牢记主题，以适当的速度进行思考，并注意培养判断能力。在老师板书的时间内，同学们应抓紧时间把概念记上几遍，在记的同时找出该概念中的关键词，并思考一下对关键词有可能出现几种误解，此时可根据该概念的具体情况自己给自己出题。

6招让你上好习题讲评课

现在的老师都爱讲习题，有时专门有习题讲评课。如何才能从这种"讲题课"上学到东西呢？

高手支招：跟着老师的步伐走

（张子威）

备考时一定要跟上各科老师的节奏，千万不能随心所欲。因为考试前，老师们都不惜跳入"题海"，精心研究、选择供学生练习的题目。因此，上习题讲评课时，跟着老师的步伐走，绝对是好处多多。我就是老师忠实的跟随者。

在习题讲评课上，可以在以下方面学到东西：

1. 整理思路

把老师讲的思路或你自己在听讲解过程中想到的思路归纳、整理出来，简要地写在笔记本上。

2. 回忆知识

老师在讲评时提到的知识内容，看看自己能否及时想出来。若不能，课外就及时复习巩固。听课时，思路要跟着老师走，这样才能跟上老师的节奏，才能及时回忆知识。

3．拓展思路

老师讲评时，自己要先想一想该题如何做，然后，看老师的解法和自己的解法是否相同，即想一想自己是否跟老师想到一块儿了。如果相同，则再想一想是否还有其他方式解题，或是否还可联想其他的知识；若是不同，想一想自己的想法是否站得住脚。

4．听老师讲分析过程

听一听老师是怎样分析、怎样求解的。想一想自己为什么有时想不到，想一想老师分析时所依据的知识和原理。

5．看并想老师板书的解题过程

看老师是怎样写解题过程的，想想自己是否也能这样写，想想老师写的解题过程是不是有漏洞。

6．分析习题答错的原因

自己做题时答错的题目，课堂上要认真听老师是怎样讲解的，自己错在哪里，并及时加以更正。

高效锦囊：不要在上讲题课时做自己的事情

记住，千万不要因为这些题看似自己会做了就在老师上讲题课时做自己的事情，那样你将少学到很多东西。

训练注意力的技巧

回忆法

努力回忆这门课上次讲到哪里了、它的重点是什么、自己究竟掌握了哪些……无论对于这些问题能否回答，只要你在考虑了，那就说明你已经不知不觉地将自己的思想纳入了这堂课的"轨道"。

目标转移法

仔细观察室内的某一件物品，看清楚它的形状、颜色、制作材料和其他特征，然后闭上眼睛回忆一遍，再睁开眼看看回忆得对不对。这时你就会发现脑子里原先的东西已经被"清除"出去了。

深呼吸法

闭上眼睛，慢慢地吐气，再慢慢地吸气，就像练气功一样，要求吐气的速度越慢越好。这样重复10～20次，就能把与学习无关的想法都抛到九霄云外。

静坐法

练习此法时，脑子里不要想任何东西，静静地坐着，眼观鼻，鼻观口，约半分钟，脑子就会平静下来，这时候再学习就很容易学进去了。

第三章

复习：知识重在巩固

学，是指学习新知识；习，是指复习旧知识。为什么学了，还要复习呢？因为知识是会被遗忘的。不复习，学到的知识就会被忘掉。

定时回顾每天的功课

复习并不是非要在书桌前苦读，如果每日在临睡前躺在床上将当天的知识在脑子里过一遍，这样的复习效果也非常好。

高手支招："过电影"复习法

（吴旭）

我是住校生，每天学校到晚上10时准时熄灯。可如今功课这么多，晚自习做作业都来不及，哪还有时间复习？后来我想了一个绝妙的办法：躺在床上想着复习，即一节课一节课地想知识要点。

就是这样，我将每天的功课在脑子里过一遍电影，大约也就花30分钟左右。似乎比在家复习的效率还高，效果还好。每天想完，我都如释重负，带着满足和微笑进入了梦乡。

下面，就是吴旭同学某一天的复习过程：

上午，第一节课，数学，讲了对数函数和分段函数。对数函数是指……分段函数是指……

第二节课，语文，讲了几种新体裁的作文。第一种是……第二种是……第三种是……

第三节课，体育。

第四节课，英语，今天讲的是第2单元第一课，试着背一下课文……

下午，第一节课，历史，讲法国大革命。主要讲了背景、过程、意义三大块。有几个年代，几个人物要记……

第二节课，自习。今天考了一张化学卷子。100分的卷子得了92分。丢掉的8分，一是化学式写错了几个，二是计算错了一处。

第三节课，自己做作业，有两道题不懂，记得去问老师。

……

所以，不要埋怨没有时间复习，这种"过电影"式的复习法并不占用你平时学习的时间，大家可以借鉴一下。

高效锦囊：复习无处不在

其实，"过电影"复习法并不是一定要住校生或躺在床上才能用。如果你回家要坐公交车，在等车、坐车的时候同样可以将今天才学的知识在头脑中过一遍。

复习时要注重基础知识

在复习时，有些同学一味地追求重点，这其实是一种误区。要知道，复习时的重点是在经过全面掌握基础知识的基础上总结出来的，一味求重点只能导致"挂一漏万"的现象。

高手支招：巩固基本方法

（赵旭照）

谈到高考复习，我的经验是注重基础知识，尤其是到了冲刺阶段，不钻研难题、偏题，而是巩固基本方法。

有的同学不愿意多下功夫，总想搞点什么窍门少复习一点，自认为不重要的就不复习，而自己的主观猜测又往往与考试的重点不相吻合。常常听到有的同学考试后说："我复习到的都没有考，考到的一些又恰好是我没有复习到的。"这种挂一漏万的复习，自然不会取得好的成绩。即使有的同学偶尔押上了题，得了高分，也是侥幸，凭小聪明应付考试，抱着投机取巧的思想参加考试，只能是自己骗自己，到头来只能是一场空。

赵旭照同学说得没错，中学阶段学习的重要任务是掌握基础知识和训练基本技能。高考考题的形式和角度可以千变万化，但万变不离其宗。也就是说知识在课内，题目在课外。根据这个特点，复习首先要求全面落实每一个知识点，不留疑点和空白。临考复习的预测考点，把握方向，强化重点知识的记忆和训练，都是建立在这个基础之上的。

会学习的同学，在平时的复习中就已经完成了对各类题型的训练与分析，对作业中错题的彻底清理，对各学科知识重点与难点的透彻理解。到了临考复习时，他的重点就可以放在对知识的强化记忆上了，如重要的概念、公式、原理、定理和结论，重要的词汇和语法规则，等等。或者，强化对学科知识体系和各部分内容相互联系的深入理解。对于一些准确性要求较高的记忆材料，考前不进行强化记忆，是不会有清晰而准确的印象的，而这些材料恰恰是应试答题的基本依据。

所以，同学们千万不要迷信所谓的"重点"，真正的重点都是建立在全面复习的基础之上的。

高效锦囊：复习时要多学科交叉进行

复习时采取单科集中的所谓"攻坚战"，内容单一，容易造成大脑疲劳，降低记忆力。因此，复习期间，要多学科、不同内容交叉进行，做到一张一弛，多科并举。

善于总结，使知识条理化

在复习中，善于总结，并且使知识条理化、系统化是非常重要的。古语说："学然后知不足。"怎样才能知不足？那就需要及时地、不断地进行学习总结与自我评价。经过总结评价，知道自己的进步，又知道自己的不足，才能够在现有基础上，不断学习进步，从一个高度达到另一个新的高度。

高手支招：善于总结方法和技巧

（求芝蓉）

我复习大多是跟着老师的节奏走，比较注重老师总结的学习方法和技巧，然后加进去自己的理解，转化成自己的东西。

因此，遇到别人问我复习备考经验时，"总结"总是我要说的第一条。大家都清楚，高中的备考不同于初中，大量的知识常常让人无从下手。解决这一问题的最好办法，我认为就是总结。一方面是知识的总结，另一方面是自身的总结，也就是"反省"。

由此可见，总结在复习中非常关键。先说知识的总结，不论是理科还是文科，不会总结的人无法融入、适应高中学习。总结，也不是一朝一夕的事情，要从一入高中就开始，学一点做一点，可以根据老师的建议或做过的习题列出一些专题，如数学中的"由递推式求通项公式""椭圆中的角的问题""复数在解析几何中的应用"等。先搜集、归纳出这类问题常用的知识点、公式、类型和解法，再附上一些习题，尽量找一些经典、有普遍代表性的题目，帮助理解和说明。

在文科中，总结的作用则更加明显。到高三的后期，求芝蓉同学的文科总结笔记大约有20本。历史主要是一些专题：古今地名对照、中国古代各少数民族简史、印度史、中国现代著作简表等。这样的总结可以集零散为整体，不但全面，而且便于记忆，效果不错。

高效锦囊：由薄到厚与由厚到薄

著名数学家华罗庚曾经说过，学习有两个阶段，即由薄到厚、再由厚到薄。进行总结就是一个由"厚"到"薄"的过程。古人说："俯而读，仰而思。"在"俯身下去"、深入钻研、全面学习之后，还要"直起腰来"，统观全局，抓住重点，抽出骨干，理清思路，综合归纳，这就是进行总结的功夫。在总结上下了功夫，所学的知识就不至于零散，而是像一张网一样，打得开，收得拢。

"旧路新探"复习法

由于复习时所接触的都是以前学过的知识，难免会有枯燥感，这时，如果能从旧知识中找到新的感觉，自然就会增强复习效果。

高手支招：变换复习顺序

（李娜）

> 在复习中，机械、单调地重复同一知识，往往使人生厌。老师曾告诉我们一种"旧路新探"的复习方法。就是适当变换复习顺序，采用"顺逆交错"的方法来进行复习，这样就能给人新鲜感，也容易有新的发现，增强复习效果。

运用这种"旧路新探"法有三个步骤：

第一步，逆思。复习时从教材最后的章节开始，从尾到头地逆思，默忆一遍教材的主要内容，溯本求源地探索它的知识脉络。

第二步，顺读。由头至尾地依顺序读教材。由因求果，理清它的内在联系及发展线索。

第三步，顺逆交错思考。上述"顺读""逆思"反复多次，交错进行，这样执因求果、溯本求源地交错思考，极有利于掌握教材的结构特点，弄清知识的来龙去脉，既能巩固深化理解所学知识，又能理清思路，学习思考方法，独立探索问题。

同时，运用"旧路新探"法复习时还要注意以下两点：

（1）读思结合。逆思与顺读要互相照应，对记忆不牢的内容，再读时要重点复习，强化记忆、复读不懂的问题，要叫"暂停"，多思深究，及时解决。

（2）贵在出"新"。这种复习不能只满足于回忆起所学知识，而要透彻理解，融会贯通，力求有新的体会。复习中还要不断增添新的信息，把过去学的和今天重看的感受、认识加以比较、分析、提高，发挥思维的灵活性和创造性，争取每复习一次都有新收获、新创见，充分发挥"温故而知新"的"知新"作用。

高效锦囊：采用多种方式进行复习

复习不应是机械地重复，除了背诵、抄写之外，还可运用自我提问、举例说明、比较分析、材料对照、绘制图表、编写提纲、做练习题等多种方式。

一举两得的"讲题"复习法

在学习中，有些同学非常不情愿给别的同学讲题，认为这会浪费自己的时间，其实，在你帮助了别人的同时，你同样也得到了复习的机会，这是一举两得的好事。

高手支招：互通有无，共同进步

（马强）

　　首先是在讲题、做题的过程中，我自己有一种收获，我可以发现自己做题过程中有哪些漏洞。有时候我讲题，讲着讲着忽然遇到一个坎儿让我讲不下去了，这时我就会和大家探讨这道题怎么回事，为什么会出现这种情况，我哪错了。然后检查上面几步，大家有没有什么好的思路，好的方法。这样的话，大家互通有无，共同进步。其次这也锻炼了我的表达能力，因为我要把解题思路准确地表达出来，而且表达时要为大家考虑，照顾到大家能不能听明白我在说什么。

　　有部分成绩较好的同学不喜欢回答一些学习差的同学提出的问题，认为那些东西太简单，太幼稚，实在是浪费自己的时间，或者觉得那些学习差的同学智商太低，给他们讲题一遍听不懂两遍还听不懂，太消耗精力。实则不然，通常一些学习成绩较好的同学都致力于有难度的题目的攻克，而忽视了基础的积累，往往会造成空中楼阁之势，多回答一些较为基础的题目，反而是再重新巩固自己基础的一个好的途径，既不需要再抽出大块的时间去复习那些基础而枯燥的理论，又帮助了其他同学，一举两得，何乐而不为呢？

记住，收起私心，给别人讲题不但不是浪费时间，反而是自己在无形中的又一次复习。

高效锦囊：私心只会阻碍自己进步

如果你怀有私心，怕别人会超过你，而不去帮助别人，也就不能从别人那里学到自己所不知道的知识。知识是可以共享的，我把我的方法讲给你，我把你的方法学过来，这样我们就有了两种方法，总比只有一种方法思路要开阔多了。私心，只会阻碍自己进步。

复习要以课本为根本

在预习、听课等环节，要读课本，在复习这个环节，也同样要读课本。课本，就仿佛是复习中的"根据地"。

高手支招：抓住教材的脉络

（鄂炎雄）

在复习备考时，我喜欢琢磨教材，一旦抓住了教材的脉络，学起来会豁然开朗。其实教材里的知识是最基础、最实用的，把这些掌握了，比看一些教辅书效果更好。

教材上有所有学生应该掌握的基本定义定理和推导所用的基本方法。题目应当在书看好消化好之后再开始做，照着书上的证明抄写或是不加考虑地乱套公式，又怎么能收到良好的学习效果呢？

老师经常说，课本上的知识是很重要的，它代表着基础知识中的精华。但仍有很多同学拼命看课外书而忽略了课本中的知识。

课本可以从薄读到厚，第一次看到的时候属于接触新事物的阶段，机械地学完每一小节，便觉得该学的和已学的、将学的都很多，知识杂乱无章，像自由电子一样；第二次读书时又会发现思路渐渐清晰，每一节间的过渡知识也渐渐显示出来，这时就基本上可以滔滔不绝地说出整本书的内容。虽然只有一个大框架，但感觉上就是自由电子外加了一个磁场，电子开始变得整齐、有序、定向移动；第三次看书时，又会发现很多新鲜有趣的东西，这是因为我们做题的时候产生了很多疑问。我们一直在思考这些疑问，现在突然在课本上找到答案了，自然觉得兴奋。随着疑问的增加，发现的东西越来越多时，我们又情不自禁地感叹，这本书实在太厚了，每读一遍，都有新的收获。

高效锦囊：课本不能局限于看

课本不能局限于看，要心、眼、手同时调动，用心领会，用眼观察，用手演算并及时记下自己的思维火花。

高效利用平时的试卷

对于那些善于学习的同学来说，他们一早就养成了重视每次考试、善用每张试卷的好习惯。这里的重视，并不是指对考试分数、名次的看重，而是对这些试卷的妥善管理和高效利用。

高手支招：重视试卷的复习作用

（周嘉炜）

在谈到自己的学习经验时，周嘉炜重点提到了"试卷"这个很多同学都不重视的学习工具。他说："考前的一段时间，我妈妈就把我整个初三的试卷都整理出来了。我把试卷细细看了一遍，尤其是不放过自己做错的题。"

因此，同学应学会利用好"试卷"这一有效的学习工具，让它们为自己的中考发挥最大的价值。

那么，如何管理并利用好这些卷子呢？有一个方法就是：将所有的卷子整理成"卷宗"。

"卷宗"，是借用档案学的一个名词。你应该如同管理机要档案一样管理你的卷子。这需要做以下几步工作。

第一步，每学期末将所有卷子分科一张一张整理好，缺的可以找老师要，找同学借了复印，尽量补齐，以保证"卷宗"的完整性。

第二步，如果愿意花点钱，可以去买现成的文件夹；如果不愿意花钱，可以自己动手给每个"卷宗"做个封皮。

第三步，为每一"卷宗"做一个目录，放在每一"卷宗"的首页。如果是自己做的封皮，甚至可以就贴在封面上。举一个例子：

初二数学卷子目录
　　①入学考试卷…………3月5日，87分
　　②三月月考卷…………3月24日，91分
　　③期中考试卷…………4月22日，92分
　　④代数复习卷…………5月8日，86分
　　⑤几何复习卷…………5月27日，88分
　　⑥五月月考卷…………5月31日，90分
　　⑦总复习卷之一………6月7日，90分
　　⑧总复习卷之二………6月22日，89分
　　⑨总复习卷之三………7月2日，91分
　　⑩期末考试卷…………7月14日，92分

请看，目录部分至少应包括顺序号、试卷名称、日期和成绩等。如此看来，一目了然。

高效锦囊：时常翻看，加注符号

卷子整理好了却丢在一边从来不看，那是白费整理的工夫。卷子一定要不时翻看，并在上面用自己的方式加注符号。

课堂笔记模板

名称		
教课老师		
主题		
关键词		
PPT 链接		
重要内容拍照	照片	照片
疑问点		

重点	笔记
1.	1.
2.	2.
3.	3.
4.	4.
5.	5.
6.	6.
7.	7.

笔记总结

自我测评

第四章

做题：及时检验学习效果

　　学生学到的知识究竟有没有领会，有没有记住，记到什么程度，知识能否应用，应用的能力有多强，这些学习效果问题，要在做题时才能得到及时的检验。

每道题只做一次

同学们在平时做题时，要努力做到一次成功，而不要总是等着重新检查的时候再去发现自己的错误。给自己下一个死命令：每道题只做一次。

高手支招：第一次就做对

（李浩杰）

我曾经遇到一道难题，百思不得其解，不得不求教于老师，老师采用的是最简单直接的方法，所以很快就能找到解题的思路；老师在计算的时候，全神贯注，特别认真，所以每一小步的计算结果都可以保证正确，而我却常常因为某一步算得不对，结果越算越复杂，到后来局面就失去控制了；老师的数学功底相当扎实，遇到什么障碍，都能克服，而我遇到一些情况时，例如出现复杂的方程，就往往束手无策。三点的差距都不大，但综合起来，最后的结果却有天壤之别。总结了一下，第一点和第三点，我所学应付考试和做题基本够用了，只有第二点，看来最简单的，却最难做到。

"第一次就做对"，这种好的做题习惯，在考试的时候尤其能够发挥巨大作用。多检查，其实是一个很大的误区，这会使大家在做题的时候抱有侥幸心理，一味图快，以为自己还有检查的机会，结果却越查越错。

很多同学急功近利，做题时恨不得一口气把全部骨头都啃完，然后再从头来检查。这实在是个太坏的习惯。逢快必粗的道理大家都懂。检查是补救的办法，是不得已的办法，检查出的错误越多，其实越糟糕，不是吗？说明你第一遍做得太粗了，看到的是这些查出来的，那些没发现的呢？躲在暗处的敌人才是最可怕的。并且第一次犯的错误，往往检查的时候又会犯。因为完全是一个人，完全是一个思路，难免还会走回原处。正确的策略应该追求一次成功，做得慢些、稳些，做完了就能保证会做的全对了，这才是本领。事实证明，每次考完一门，觉得挺累的，刚刚做完，虽然来不及检查，但是分数往往很高。因为陷阱都发现了，找陷阱是很累的，也是很费时的。

一次就做对，比起第一次草草做完然后反复检查，效率更高，准确率也更高。

高效锦囊：最无效的做题方式

1.做题时不认真，丢三落四。
2.审题马虎，不看清题意就盲目去做。

重视基础题目

做练习题时还有一个问题值得同学们注意：一定要重视基础题目，不要在偏题、怪题上花太多的时间。

高手支招：基础是最重要的

（张琛）

　　谈起经验，我认为基础是最重要的，什么怪题难题，我个人是不太做的，因为没有基础的话这些就像是空中楼阁。

　　在仔细分析了几年来的高考题之后，我发觉其中根本就没有什么偏题、怪题。有的同学抱着一种侥幸的心理：我练习一下怪题或偏题，要是高考时出一道这样的题型，别人都不会而我却能做出来，那我不就占便宜了吗？

　　在这种侥幸心理的驱动下，有的同学舍本逐末，丢掉了课本中的基础知识而将大量时间浪费在超纲的题目或是解题技巧十分复杂的题目上，这会造成不好的影响：自己的思路总是求新求异，长此以往，就会陷入"钻牛角尖"的歧途。

　　与张琛同学相反的是，有的同学总喜欢去钻难题、偏题、怪题，认为把这些题攻下了，其他的题目就会迎刃而解。事实上，只有通过做一定数目的基础题，熟悉了定义、定理、公式，掌握了解题的基本方法和技巧，才能做好难题。这恐怕就是状元与普通考生之间的一个区别所在吧。

理解一个概念、练习一道题目，不从一个正常的角度入手，而是以比较奇怪的角度入手，在实际的考试中可能可以解开一两道解题方法特殊的题目，却很容易在大量的普通题上丢分；还有一种影响，那就是会容易让你丧失信心。怪题和偏题都是不容易解答的，久而久之，就会觉得自己所有的题都解答不了，于是就觉得自己没希望了，高考没希望了。因此，对于练习题中的难题不要轻易地放弃，但是也不要在难题上"钻牛角尖"，不要在偏题、怪题上浪费时间。

高效锦囊：做题时要分轻重详略

各学科的习题成千上万，都做一遍，是办不到的，所以做题应分轻重，有详有略。对于基础题、典型题要详做，从格式到步骤严格要求，做到规范化，以达到熟练、准确计算的目的。而且，还要总结做题的经验，从中找出规律，训练基本功。

从错题中总结规律

在做题的过程中，同学们还要养成一个好习惯：从错题中总结经验和规律。虽然说学习的知识点必须通过做习题来掌握，但这并不意味着盲目做题，而是要有针对性地做题。大量的习题能帮助你发现自己的错误。针对错题，进行滚动式的反复练习，最终一一消除这些错误。

高手支招：认真分析出错的原因

（孙田宇）

在做题中，一旦发现错误，首先要做的第一步就是分析出错的原因。要尽量减少因为马虎而造成的错误，马虎是一种很不好的学习习惯，大家必须克服。一般做错题都有一定原因的，比如说由于某个知识点没有掌握牢，或者说某个方法还不会灵活地运用。根据出错的原因，第二步要做的就是找出很多的配套练习题，进行滚动式的反复练习，把所有和它相关的题型多做几道。直到完全掌握了这种习题，包括它一般的出题方式和答题的方法，这个错题就被攻破了。

可见，做错题并不可怕，重要的是你要从错误中找到原因，总结规律。孙田宇同学举例说：

比如，教材介绍过的三余弦定理，书上有一些推导过程，结论就是一个角的余弦值等于另外两个角余弦值的乘积。刚开始学的时候觉得这个方法自己掌握了,但是后来做题还是有失误,因为没有灵活掌握。通过大量做题,我发现在老师出这方面题的时候,提问方式特别有意思,经常会问你某一个角的余弦值是多少,我做了很多道题都是这样的。于是我就总结出一个规律,在综合卷子中,一旦某道题目最后一个问题问的是某一个角的余弦值是多少,我马上就会想到三余弦定理。这样的话,相当于这类题已经在设问的时候就提示你解题的方法了。

这样,通过错题分析法能总结出出题规律和答题方法,不仅仅是数学,这在学习别的科目上也很有帮助。

高效锦囊:准备一个错题本

准备一个错题本,将平时练习中做错的题都记在本子上。整理的每一道题包括题目以及错误的答案、正确的答案和错误原因,同时,还可以对错题进行以下的思路整理。

①记下错题是什么,最好用红笔画出。

②分析错误是在哪一环节上发生的,为什么会出现这一错误。

③根据错误原因分析提出纠正方法,并提醒自己下次碰到类似情况应注意些什么。

关注普通解题法

解题能力是一个逐步形成的过程，没有哪位同学一下子就能成为解题高手。所以，在日常的做练习题中，要关注普通解题法，不要把问题想得太复杂。

高手支招：关注固定的解题思路

（徐语婧）

从微观上看，数学的学习就是如何解出每一道数学题。我的经验是关注通法，即关注普通解题法，有余力再掌握一些技巧。由于文科的数学题难度一般都不太大，基础题（即用通法可以顺利解出的题目）占绝大多数。对于文科学生来说，老师上课的时候本身就会比较注重基础，首先讲的可能就是通法，那么这个时候就必须把老师讲的例题记下来。通法肯定会有一个固定的解题思路，上课的时候就得领会这个解题思路，课后最好再选一些类似的题目做一做，以便熟能生巧。

为什么要关注通法呢？举个例子来说吧，解析几何对于文科生来说，由于是数形结合的一类题目，一般同学们会觉得比较难，通常放在高考题最后一题或者倒数第二题的位置，算是一个压轴题。这类解析几何题的通法就是把两个函数解析式联立起来解，虽然有些时候可能计算会比较麻烦，但是都能做得出来。这类题估计会有10分的分值，用通法一般同学都能够拿下，如果过于关注技巧，对有些题目反而不适用了。

对此，徐语婧同学说："其实以前我的数学也不是非常好。我总结每次考试的经验，发现考得不好的时候不是因为那些难题做得不好，而是因为前面基础题错得比较多，导致分数比较低。所以我想应该多重视基础，于是总结出了这个普通解题法。"就高考的试卷来看，它的基础分可能会占到百分之七八十。如果你用普通解题法把基础题掌握了，一般取得中等成绩肯定是没问题的。你在掌握基础题的基础上，肯定能够活学活用，能够有所创新，再能拿到一些难题的分数，就能够获得比较理想的成绩了。

高效锦囊：普通解题法更实用

其实解普通的题目也有多种方法，有通法，还有一些带有技巧性的方法。对于文科生来说，通法更加重要一些，因为它能解答这一类型的所有题目，所以更实用。当然，学有余力的同学还可以研究一些技巧，但不提倡钻得太深，因为那样会浪费时间。事实证明，通法掌握好了，高考一般都能取得优秀甚至是拔尖的成绩。

提高综合解题能力

现在，大多数学校在学完某一章节或某几个章节后，都会有一次随堂考。为什么要将这两类考题放在一起说呢？这是因为在学习过程中，章节考试得高分，综合考试成绩不好的现象相当普遍。要知道，考试考得就是综合能力，分开了都知道，合在一起就不会的话是无法取得好成绩的。

高手支招：触类旁通，灵活解答

（钱亮）

肯定有的同学会问，为什么这道题放在章节里做练习我是手到擒来，在综合练习里却不知从何下手了呢？有的同学在章节考试里总是高分，综合训练模拟考试时却不尽人意。这就涉及综合解题能力的问题。高考题有一大部分并不是只考单一的知识点，而是会把几个知识要点串在一起，考查你的综合能力，这就需要你在精通每个知识要点的同时，学会触类旁通，学会灵活思考，学会调兵遣将。

那么，如何才能提高"综合解题能力"呢？这里有以下两点建议：

（1）对单一知识点要非常熟。就理科而言，某单一知识点，它的条件，它适用的范围，它会得出的结果，这些结果在什么计算中会用到，心中都要清楚。做综合题，这些单一知识点就像工具箱里零散的工具，你试解这道题，就是在不断检索哪些工具适用，如果它们分类排放，你可以信手拈来，你的检索速度就会加快；它们每一样都已磨利，综合题就会在组合工具下迎刃而解。相反，如果你调用每一个知识点或公式对你来说都像解一道难题，或者有的工具一下子找不到（在考场上紧张和暂时遗忘常会使你忘掉不熟的公式），你就只能望题兴叹了。

（2）要善于总结做过的综合题，理清它的思路。大致的思路可用一句话来概括："问什么想什么，缺什么找什么。"顺序分3种，正推、逆推、两头推。也就是从条件入手，从结论入手，或从条件和所求同时入手。

高效锦囊：习题训练应有一个完整的系统

同学们的习题训练应有一个完整的系统，不仅要求对本学科各学习阶段的习题训练内容能统筹安排，而且应根据教材及知识与能力训练的要求，将不同内容、不同知识层次、不同个性的习题分门别类，有计划地安排在不同的学习阶段进行系统化训练，以避免因练习内容的选择漫无系统而造成重复的无效训练或遗留技能训练的漏洞。

寻找多种解题方法

在做题时，同学们要尽量寻找多种解题方法，这种一题多解的做题能力有助于牢固地掌握所学知识，通过分析比较还可以寻找到解题的最佳途径和方法，培养发散思维的能力。

高手支招：学会练习一题多解

（耿泉）

要想提高自己的做题能力和学习效率，要学会练习一题多解，即用多种方法解答同一道试题，这是理科练习中常用的训练方法。这种方法不仅能让自己更牢固地掌握和运用所学知识，而且通过一题多解，分析比较，能够寻找解题的最佳途径和方法，培养自己的创造性思维能力。适当增加一些一题多解的练习题，对巩固知识、增强解题能力、提高学习成绩大有益处。

我们每做一道题时，都要认真想一想，这道习题用了哪些概念和原理？解题的基本思路和方法是什么？这道题考查的意图是什么？除了这种解法以外，还有没有别的解法？这些解法中哪一种最简捷、最恰当？

要知道，有不少习题，客观上存在着多种解法，要善于钻研，通过对各种解法的比较，确定一种最佳解法并记下来。这样做题，从表面上看和别人一样，实际上质量却是很高的，做题的遍数也比别人多出好几倍，因为它是从多种解法中优选出来的"最佳方案"。

高效锦囊：经常进行一题多解训练

做题时还要注意选择习题的内容、形式及解题方法的多样性，对于某些重点知识，可利用习题的变式从多个方面进行训练，以强化对重点知识的理解，获得有关的解题技能。在解题过程中经常性地进行一题多解的训练，以避免自己形成某种固定的思维模式，克服学习定势的消极影响。

错题笔记模板

日期	试题类型	计算粗心	题目没看清	单位漏写	题意不理解	概念含糊不清	方法没掌握	其他	总数小计（备注）

第一章

文科重在积累

　　很多同学误认为文科的学习只是记记背背而已，其实不然，文科虽然对记忆的要求非常高，但日常的积累也非常重要。

化整为零学语文

语文的学习绝对是要靠积累的，它需要从广泛的阅读、写作中培养对语言的敏感，而不能像数学、历史那样靠大量做题或背诵就能短期突破。

高手支招：集中攻克，各个击破

（黄小倩）

语文试卷分很多部分：语言基础(包括语音、词语辨析、句子、段落)、诗词鉴赏、文言文阅读、科技文阅读、说明文阅读、现代文阅读、诗词填空、句式仿造、作文等。"化整为零法"不是让我们一份卷子一份卷子地去攻克，而是一部分一部分地集中攻克。比如说，用两周时间来搞定词句段，用三周时间来攻克文言文，两周来做诗词鉴赏，一个月来攻克阅读，各个击破。

下面我们以文言文为例来讲讲化整为零学习法，我们以三周内每天固定一个时间段，比如中午一个小时左右，第一周用三四天时间来掌握基本的文言虚词、文言句式的主要用法，做到心中有数；然后用10天左右的时间进行整篇的练习，第一周每天做1~2篇，尽量慢一些，争取"字斟句酌"，弄清楚每一句的意思，结合所记的词、句用法来巩固记忆，对句子的翻译尽量精确，文义理解不仅要选出答案，还要明白对的对在何处、错的错在何处，建议好好利用参考答案；到第三周，当你发现读古文已经不很费劲儿，基本的句法、词法一眼就能看出来时，说明做题的"感觉"已渐渐养成了，那时就要加快速度，增加题量，每天做3～4篇练习，不能再一句句地翻译，而是要快速浏览，了解文章大意，然后针对题目找出相应的句子，甚至根据"经验"迅速排除错误答案。最后，自己总结一下心得，你可以发现出题是相当有规律的，比如文义理解题常出现的错误有"无中生有""夸大范围""混淆主语"等。这样循序渐进，集中攻克每一部分。

高效锦囊：语文学习"三字经"

学语文，兴趣浓；长坚持，贵有恒。勤动笔，多练习；勤阅读，多积累。

勤观察，多问题；好习惯，要养成。考试前，多回忆；考场上，要仔细。

语文重在"强读"与"强记"

学习语文感觉困难的同学，可以试试下面所介绍的强读加强记法。

高手支招：坚持每天阅读和记忆

（刘诗泽）

记得读小学的时候，班主任老师总是要求班里的学生背诵解词，我属于那种比较聪明但又比较懒的学生，经常会想一些办法逃避作业，不过由于老师的严厉，我常常都无法逃掉。在小学升初中考试时一道有关解词的题目我没有答出来，为此我后悔了好几个月，觉得"白背了"。到了初二，我才逐渐感觉到，以前背诵过的解词为我的语文学习打下了多么牢固的基础，由此我总结出了一个方法：强读加强记。

这个方法对刘诗泽同学的语文学习帮助很大，他说：

初二、初三两年，我坚持每天阅读10个词语解释和两首诗词，高考试题中的诗词鉴赏题正是我在初三时阅读过的。你可以说这是一种运气，但我觉得这种运气是建立在坚持不懈的阅读基础之上的。高考中我的语文成绩达到了138分，可以说这与小学和初中打下的扎实基础有着直接的关系。

另外，我还要介绍一下"强记"法。此法的关键在于后一个字

"记"。我在高中三年的学习中，除了语文，其他科目都没有笔记，但我语文笔记记下来的内容也不是老师在上课时所讲的，而是很多课外知识，比如老师平时在课下发给我们的古诗词、对联，文言实词、文言虚词的一些经典用法，自己平时不认识的字、发不准的音，一些趣味读物，作家的生平介绍、代表作品等。空闲时，我就会拿着这个本，反复地翻看，知识点自然而然就记住了。

刚上高一的时候，我在字音字形方面的知识很欠缺，每次考试的前两道基础题基本没答对过，于是我就开始进行积累，遇到容易出错的字和音就写到本上，一直记到高三。后来我发现，考试所考的字形和字音都是在一个范围内选择的，它不会在字典里随意地挑选，总结出了规律，我再也没有在这类基础题上丢过分了。

高效锦囊：用意义辨析法学习字音字形

在学习语文的字音字形时，可以采用意义辨析法。判断一个字的字音或者字形是否正确，通过其意义进行判别更加简单有效，且容易理解。比如"怙恶不悛"，"悛"字是竖心旁，大概就和人的心理有关，而"逡巡"的"逡"，是走之底，根据形旁这两个字就可以很容易地区分开了。

积累常用成语、词语

常用成语和词语的用法是基础知识考查的重点，虽然也属于记忆型题目，不需要太多思维强度与技巧。但切忌不可等到最后复习，要学会打提前量。

高手支招：提前积累词汇量

（易萌）

　　凭我的经验，当同学们随着老师的复习进度开始记忆词语和成语时，大家的记忆力与精力往往因为前一时期高强度记忆字音字形的训练而处于疲劳状态，效率容易下降。一些同学更因为前一阶段的基础没有打牢固而不得不一边上新课一边补旧课，从而使这一部分本来并不十分艰深的知识成为自己的薄弱环节。有鉴于此，对于常用成语和词语的复习最好在复习字音与字形时就适时展开。我在遇见诸如"曲尽其妙"或"用行舍藏"之类的成语时，在了解其关键字的读音时也会同时查出其意义，并注在字音记录表或字形记录表的空白处。这样在复习字音字形时我就已经积累了一批常用词语和成语，到了正式复习词语和成语的时候，即使老师赶进度，我也能相对从容地安排这一阶段的复习了。

　　词语，特别是成语题目的解答往往更依靠语感，而非对成语意义的准确掌握。因此在记忆成语时要依靠平时的积累与不断做题形成的题感。有时各类考试与参考书中会出现一些生僻艰涩的成语，"误导"大家将注意力转到晦涩的成语上去。但鉴于高考中出现的生僻成语绝大多数都是干扰项，对成语以及词语的记忆还是回归基础为好。

另外，大家对常见词语、成语的不常用意义要加以注意。易萌同学举例说：

比如高考中曾经糊弄了很多人的"想入非非"，这个词的常用意思是脱离实际的胡思乱想，这是含贬义的；但是它还有一种不太常用的第二种意思，就是奇妙的想象，这是不含贬义的。高考曾经出了一道题，大意就是古埃及人的神话是想入非非的，这是作为其中的一个选项。很多同学都认为它是错的，结果丢了分。又比如"不三不四"，大家都知道是不正派的意思，但是它还有一个很不常用的意思是不像样子，比如说这篇文章被改得不三不四的，就是指这篇文章被改得不像样子。如果真出了这么一道题的话，估计很多人都会出错。

高效锦囊：准备一个笔记本

准备一个专门的笔记本，在平时的学习中勤查字典、辞典，将一些易错字词、生僻字词记录在案，利用课余饭后的空闲时间多读多记，慢慢积累，养成习惯，在自然而然的情况下掌握它们。

文言文要注意活学活用

由于文言文所处的时代距离我们太远，不少同学学起来会感到吃力，所以在学习中要注意活学活用，才能驾驭自如。

高手支招：课内开花课外香

(朱师达)

高考所选取的文言文虽来自课外，但知识点却均出自课内。实词、虚词、句式、古今异义等，知识点零散，但如果善于分类，善于总结，并且活学活用，就一定能够"课内开花课外香"。高中文言文考查的方向主要集中在实词、虚词用法，文言句式，内容理解。在平时的学习中，就要注意分类总结，把课文中所涉及的知识点都记录下来，进行强化记忆。当你读到来自课外的一些文段时，就不会感觉陌生，词的用法都是一样的，联想平日所记的知识就能融会贯通。

最关键的是，在学习文言文时不要对它有恐惧心理，只要掌握了方法，你会发现，其实文言文并没有你想象中那么难。下面我们就要介绍一些文言文翻译的技巧：

1. 筛选法

先将古今汉语一致的地方画出来，对译比较容易理解的内容，将与现代汉语无法对译或不需要翻译的地方圈起来，逐步筛选，完全不懂的地方就突显出来了，也就抓住了全文翻译的难点。

2. 推测法

将筛选出来的难点放到原句中去揣测，在人物传记的文章中要了解作者针对的是哪一个人物，哪一桩事件，这样就可根据上下文的语境大致推断出它的基本含义。

3. 协调法

在文章整体内容大致清楚的基础上，还要注意文章前后的协调和语句的通顺流畅。使古文与现代文保持一致，加深对古文内容的理解。

高效锦囊：用虚词为文言文断句

文言文虚词（特别是语气词），往往是该断句的地方。文言文中常见放在句首的发语词有：夫、盖、焉、惟、斯等；放在句尾的语气词有：也、矣、乎、哉、与（欤）、焉、耶（邪）等；出现在句中的虚词有：于、为、则、而、以等。当然，还有些复音虚词（包括一些复句中的关联词）也是我们的好"帮手"。它们大体上都位于一句话的开头，这些词前一般要断句。比如：且夫、若夫、乃夫、已而、至若、于是、虽然、至于、是故、向使、纵使等。

单词和短语不能单纯依靠背诵

很多同学都认为背英语单词是老大难，这里给大家介绍一些高考状元们提供的有效方法。

高手支招：意境结合记单词

（张振）

　　我学习英语的方法是意境结合法。在英语学习中，单词和短语的记忆是非常重要的一个方面，如果单纯依靠背诵记忆这些单词和短语通常是很困难的。因为每一个单词往往都有很多义项，这些义项有时还有比较大的差异，一味强行记忆不仅容易混淆，而且准确度不高。使用意境结合法可以有效解决这一问题。

下面，张振同学对如何运用这种方法进行了具体说明：

意境结合的具体做法是，将一个单词或短语的所有义项——列出，然后在每一个义项之后举出一个例句，将单词放入具体的语境中记忆，这样就可以提高记忆的速度和准确率，避免混淆。

比如短语"pick up"，它有很多个义项：从地上捡起东西、去车站接人，或者是偶然地学到一些知识。如果单独地记忆，这些义项之间并没有很强的逻辑性，所以直接记忆比较困难。而如果我们能记住含有这个短语的一些句子，就可以根据每个句子的意思，推测出这个短语的不同含义。比如说"I pick up an apple from the road"，在这个句子中"pick up"很显然就是"捡起"的意思，这样就可以很轻松地记住这个义项。而在"I pick up Jame at the rail-way station"中"pick up"就是"接人"的意思，在"I pick up some Japanese when I am travelling in Japan"中"pick up"的义项是"偶然学到"。这样通过例句和短语的义项相结合就可以很形象地记住短语的每个意思。

总而言之，把原本孤立的单词、短语放到各自的语境中，就会加深你的印象。

高效锦囊：多接触英语的原版语境

在记忆英语单词时，我们可以接触一些英语的原版语境，包括了解西方的一些文化习俗、文化背景。平常可以多听，比如说可以看一些英语频道，或者看一些英文原版电影，或者听一些英文歌曲。不要在意听不听得懂，主要目的是熟悉英语的语境。

五官并用学英语

在学习别的科目时，大家用得最多的可能是手和耳，但在英语学习中，五官并用才会更有效。

高手支招：学英语要"四到"

（康静）

五官并用是我学习英语时最常用的一种方法，我自己觉得非常有效。英语是一种语言，语言运用的最高境界就是四会——听说读写。因此相应的，要耳到、口到、眼到、手到。很多同学在学英语的时候往往只是用了眼睛或者用了手、用了嘴、用了耳，用了某一个器官，而没有想到在一个单位时间里面，其实可以五官并用，这样可以提高自己学习英语的效率。

那么具体是怎么做的呢？康静同学给我们做了具体的说明："拿到一个有声文本，我一般会进行五遍听音。第一遍进行听音，不看文本。第二遍把自己听到的东西写下来，进行听写。第三遍一边放录音，一边对照文本，看自己所听写的内容和原文本有什么差距，尤其是要注意自己写错的和没有听出来的地方。第四遍一边听文本，一边进行跟读，即看文本、听录音，跟读。第五遍不看文本，听录音，进行跟读。

　　大家往往觉得，一个录音要听五遍好像很累。其实我们仔细想一想，在学课文的时候，一篇课文听录音加起来又岂止听了五遍，但是在那五遍之中，我们又让课文在头脑中留下了什么印象呢？往往效果并不太好。如果按照我说的这个方法做，真可谓一举多得。大家可以在练习听力的过程中同时练习口语；听写的过程可以发现你听力存在的缺陷，找出自己具体的问题在哪里，然后对症下药，这样能够比较迅速地提高你的听力水平，而且相当于把原来学过的单词又复习了一遍，就不需要专门进行单词拼写训练；在跟读的过程中间，练习了自己的语音、语调，使自己的发音更趋于完美，跟着课文读也能够使文章的文本在头脑中留下比较深刻的印象。"

高效锦囊：学英语要手眼脑并用

　　手眼脑并用，能够增强记忆，促进理解。很多同学看过书后就算了，其实很多书上的一些经典的东西，是要你细细品味的。我们可以在抄写时再仔细地品味书上的这些知识，细细地体味它每一句话、每一个词的运用，以及它蕴含的深意。

学英语要循序渐进

英语的学习和语文一样需要积累，因此也要讲究循序渐进、零存整取。

高手支招：旦旦而为之

（张广军）

英语知识比较零散，很容易被遗忘。同学们也许有这个体会：如果隔两三天不去看英语，再做习题就不那么熟练了。我学习英语的方法是：旦旦而为之。每天为一周期：背单词，做单项选择、完形填空或阅读理解，复习语法。日积月累，循序渐进，效果就明显了。

众所周知，单词是组成英语学科体系这座大厦的一砖一瓦，阅读、翻译、作文都离不开单词，所以必须有意识地扩大词汇量。记单词没有必要搞突击，每天保证掌握四五个，隔两天再把以前背的温习一下，这样日积月累，就是一个不小的数目。

仅仅会背单词还是不够的，最终使用的是单词的组合体——篇、章。词的组合必须遵循一定的语法规则。语法的巩固需要每天做一些练习，主要是单项选择题，每天做十几题，时间长了，就可以把大多数语法现象巩固一遍。当然，重要的不在于题目做了多少，而在于真正掌握了多少。

　　英语试题除单项选择题之外，还有完形填空、阅读理解等。这方面的能力更不是十天半月就能提高的，必须每天花一点时间做一遍完形填空或两篇阅读理解，做完之后与答案对照一下，把错的小题仔细琢磨琢磨，看看究竟是什么原因导致的错误，是语法概念不清、单词意义不明，还是其他什么原因，这样，才能不断提高阅读能力和逻辑思维能力，最终占领这两个制高点。

高效锦囊：每天最好这样做

　　在英语方面我们每天需要做的包括：记忆四五个单词，做十几个单项选择，一篇完形填空或两篇阅读理解，复习一下语法，乍一看好像任务很重，其实并不需要花多长时间，况且也不一定把这些事情集中在每天的某一段时间内完成。

不要用汉语思维套用英语

很多同学在英语学习中会发现一个很奇怪的现象，自己的单词量已经很丰富了，语法项目也学得很扎实了，可就是写不出好的作文来。这是什么原因造成的呢？

高手支招：避免"中国式英语"

（程相源）

　　写作中出现"中国式英语"的现象，我觉得很可能是因为他们在写作时不自觉地用汉语思维模式套用英语语法，所以他们写出来的语言没有什么语法错误，但用正常的英语思维却很难理解。比如在学习定语从句时，汉语一般把定语、修饰语放在中心词前面，有时候也可以放在后面，但是英语定语从句就不存在这个问题，它基本上都是把修饰语放在中心词的后面。针对以上问题我主要使用课文分析法予以避免，我建议同学们也可以一试。

　　课文分析法的要点是，仔细分析教科书中所选的课文，揣摩它们的行文思路、段落衔接、句子结构，使自己对英语文章的写作手法大体有一个感知。当然不需要对每一篇课文都如此细心地去揣摩，关键是要找到那些能代表一类文章体裁的课文并进行分析，以后如果又遇到同一体裁不同格式、不同风格的文章，还可以分析对比各种风格之间的优劣。

比如我们非常熟悉的高二上册英语课本第一单元的一篇课文《No Smoking Please》。先看一下这篇课文中的这样两个句子"Every year millions of smokers die because of illnesses which are caused by smoking tobacco.", "Every year tobacco companies must persuade new people to start smoking cigarettes.", 同样在这篇课文中还有以every year开头的句子。这种句式的特点是把本来可以放在句子中的频率副词短语，放在了句首。这样做一方面是对every year的强调，另一方面又使语言体现出一定的灵活性。我们在写作文的时候，就可以借鉴这一点，把frequently, often, always, every year, each day这样的频率副词或短语，有意提到句首，提高作文句式的灵活性。

高效锦囊：分析课文时要随时标注

在分析课文的过程中，遇到一些有用的句式或语法知识点，可以用色笔标注出来。像短语what's worse表示上下文衔接，是体现一种逻辑关系的短语，对写作非常有用，就可以用色笔标注出来，以便复习掌握。

图表提纲记史政

大家都知道，学理科要有"演算纸"。可一位同学却认为，学文科也要用"演算纸"。那么，学史政为什么也要有"演算纸"呢？都"演算"些什么内容呢？

高手支招：用列表和提纲理清思路

（谢茜）

我在记忆历史、政治时，身边总是放一摞白纸，遇到重点或较繁杂的重点内容，随时在纸上以列表或提纲的形式理一下思路。把这些单张的纸保存下来，隔段时间就翻一翻，几次下来可以攻克不少薄弱环节。

谢茜同学的这种记忆方法不妨就称之为"史政'演算纸'学习法"。其要点有如下几点：

（1）在记忆历史、政治等文科课程时，也如同学习数学、物理等理科课程时一样，在手边准备一摞演算纸。

（2）遇到重点、难点、考点，在演算纸上以提纲等多种形式将要点写下来。

（3）参照教材等，给自己写下的内容打一个分，看漏了什么没有，错了什么没有，并将正确答案写在边上。

（4）将这些"演算纸"保存起来，并加以整理，考试前或自己认为需要时拿出来翻一翻。

我们认为，史政"演算纸"法，是一个很有创意、很见实效的学习记忆方法。这具体表现在如下几点上：

其一，"演算"的过程就是重温重点的过程。而这种复习，一般比在脑子里默想更见效。因为"最淡的墨水也胜过最强的记忆"。

其二，"演算"的过程又往往是化繁为简的过程，因为写时不可能逐字逐句地写，只会写要点，久而久之，就会越来越知道该写什么，不该写什么。

其三，"演算"的过程也是一个便于静下心来的过程。大家或许都会有这样的经验，光用脑子想，有时容易走神。而用笔逐条写时，注意力相对容易集中。

高效锦囊：多写能够避免忘字

其实，"演算"的过程也是熟悉相关一些较难写或不太常用的字、词的过程。几乎每次高考都有学生提笔忘字。例如，有一年一个学生怎么也想不起来孟良崮的"崮"字怎么写，还有一年一位很优秀的考生居然连缅甸的"甸"字都写不出来。过去常用"紧张"来解释这一现象，现在看来，写得太少也当为原因之一。

分段浓缩学历史

在临近考试的时候，这种分段浓缩的方法对学习历史很有效。

高手支招：把历史连成一条线

（易萌）

在学习历史的过程中，我慢慢地摸索出了分段浓缩记忆法。这个方法可能有点儿土，有点儿上不了"台面"，但真的非常有用。我的办法是将历史书浓缩成一个个的要素来背，即将一段段文字分解成背景（远因）、近因、进程（事件）、内容（措施）、影响等历史因素。因为历史一般是一个连续的过程，往往前一件事情的影响或者结果就是后一件事情的远因或导火线，这样就把历史真正连成一条线了，就会省很多的力气，又更有条理一些。

下面，易萌同学为我们做了具体的举例说明：

比如说隋唐科举制度的影响就可以浓缩成"打破垄断、提高素质、加强集权和扩大统治基础"这一句话。打破的是世家大族对官吏选拔的垄断，提高了官员的文化素质。为什么会加强集权呢？是因为选拔官吏的权力收归中央了。为什么能扩大统治基础呢？是因为庶族地主参与了政权，所以中小地主也可以成为封建统治阶级的一份子，使统治基础更加巩固。最终这四点可以归为巩固了封建制度。

在这种浓缩的过程中，我们会慢慢总结出规律，每一类历史事件的影响和意义都有套路可循。通过分段记忆和浓缩记忆，既可以提高背书的效率，又能减轻记忆的负担。当你按照以上方法将五本历史书背了七遍之后，历史也就不再繁难枯燥了。

高效锦囊：多看多背多总结

不要在历史学习中幻想有一条能代替反复背书的捷径。唯一的办法就是抓住"三上"（马上、枕上、厕上），多看多背多总结。

学习政治要放眼天下

学习政治，最关键的一点就是要会运用课本上的知识来分析时事热点。

高手支招：放眼天下，回归课本

（徐语婧）

首先说放眼天下。因为政治是时效性很强的科目，它的考试范围肯定会联系到当前一些时政要闻、社会热点。现在不是提倡素质教育吗，这也要求我们关心国家大事，而不光是埋头苦读。了解时事的途径非常多，比如看新闻联播，阅读报纸，看《半月谈》及其他一些报刊文摘等。

然后回归课本。光知道时事背景是不够的，仍然无法达到高考"学以致用"的要求。因为高考毕竟还是运用课本知识来分析时事热点，所以掌握课本知识是基础。

那么，如何掌握课本知识，把政治理论与社会时事相结合呢？徐语婧同学说：

"我觉得掌握课本知识可以通过细化和概括这两步来进行。先要把课本知识学细了，把一个大的知识点分成非常小的知识点。比如高考中涉及的三农问题吧，三农问题是一个大的问题，它可以分成农民、农村、农业三个问题。比如农民增收的问题，就涉及农民的收入现状、农民增收的途径、存在的一些问题等各种各样的小问题。我们要做的就是把这些小问题一个一个地落实好。

在此基础上还得学会概括，就是要把课本知识概括起来，形成一个网络、一个系统。比如政治常识就可以分成三块来学——关于国家的知识点、政党的知识点、国际关系与外交方面的知识点。这样就非常清楚自己学了哪些东西，书本上有哪些知识。考试的时候，你就可以马上把相关知识点找出来，其他的就撇开不管了，这样可以提高答题的效率。"

掌握了这种方法，相信你在学习政治方面会轻松许多。

高效锦囊：读报时要多总结分析

在阅读报纸时，我们不仅要注意上面的评论，而且可以根据所学的政治原理进行总结分析，也可以与报纸上的内容进行比较。一段时间下来，综合分析判断能力必然会有很大提高。

学政治要"把书读乱"

在学习的时候，一般都提倡条理化、系统化，但在政治这门课上，却有人提出了"把书读乱"的学习方法，而且还取得了不错的效果。

高手支招：按照主题整理线索

（易萌）

在完成第一轮复习之后，许多同学觉得自己的基础知识掌握得还可以，但在答主观题时却很难得到高分，这也是文综题的一个瓶颈。这是因为在重视基础的同时没有重视知识跨章节甚至跨课本的整理。我在老师的指导下采取了"把书读乱"的方法，即按照主题整理某个知识点的线索，并与考试常用材料和问题的类型对应整理。

在考试时，并非把基础知识答得特别熟就能拿到主观题的高分，而是要形成一个知识框架。高考出题的时候往往不是按照简单的基础知识点来出题的，而是根据热点问题出题的。所以我们也可以按照高考的思路，按照主题，把所有与之相关的知识点都列出来，形成一个框架。

比如说面对假冒伪劣商品，或者整顿市场秩序这一类问题的时候，我们就可以用经济常识课第一课中的使用价值和价值的关系这条线来答，也可以用第二课中市场调节的缺陷，需要宏观调控，宏观调控有三种手段这条线来答，还可以用第七课中的市场交易原则和消费者权益来阐述打击假冒伪劣商品和整顿商品市场秩序的必要性。所以，答题的时候要遵循要点，用理论说明，最好能够紧扣要点顺序，分条论证。这样答题就特别清晰，容易得到分数了。

由此可见，这种方法就是打乱了知识在书中的原有位置，从而建立起新的知识体系，更好地适应高考对政治主观答题的要求。这就是所谓的把书读乱，但是把书读乱是为了让主题更清晰。

高效锦囊：先列提纲后答题

对于政治来说，在初见题目时就进行思考，从哪几个方面论述、有什么要点值得注意、可以与哪些知识点相结合等等。如果时间充裕，最好能够在稿纸上列个提纲，再进行回答，毕竟，有条理的回答会令判卷老师的好印象增加几分。

语文口诀记忆法

运用口诀记忆形近字、易错字

例如，用"横戌点戍戊中空，十字交叉读作戎"的口诀来记住"戌、戍、戊、戎"四个形近字。

运用口诀记忆语法知识

例如，可以用"副词放在动形前，介词落在名代前"的口诀来记住副词与介词的区别；可以用"叹词在句首，语助在句尾"的口诀来记住叹词与语气助词的区别。

运用口诀记忆文言文知识

例如，可以用"主谓间断开，发语词断开"的口诀来记住文言文朗读中的合理停顿；可以用"直译对译和意译，增补省略调语序"的口诀来记住文言文的一般翻译方法。

运用口诀记忆一些行之有效的阅读分析方法

例如，可以用"本义引申语境义，结合中心做分析"的口诀来记住对句子中重点词语的分析方法；用"句式特点与功用，结合中心与语境"的口诀来记住对不同句式或不同修辞句的含义及作用的分析方法。

第二章

理科重在理解

　　对于数理化的学习来说，要想让成绩上一个台阶，不仅需要极大的热情和不懈的努力，更重要的是应不断加深自己的理解和提高分析能力。

理解概念要透彻

理科中的概念、定理单单记住是远远不够的，重要的是要理解。

高手支招：重视对概念的理解

（曾文蓉）

在学数学时，很多时候，我会为了一道题的答案百思不得其解，因为在整个解题的过程当中，每一个步骤都没有什么错误，但就是最后的结论不对。特别是一些立体几何题目，一直检查到最后才发现，还是在最初概念的理解上出现了偏差。这样的失误浪费了大量的宝贵时间，而且使得自己在焦头烂额的思考中灰心丧气，可实际上犯下的只是一个低级失误。所以，我在自己平时的数学学习中非常重视对概念的理解。

曾文蓉同学对概念的理解共包括下面三个阶段：

1. 机械抄写

所谓"机械抄写"，是为了在抄写的过程中强化自己对概念的熟悉，这样有利于对下一步的思考。然后再"自己证明"，这会进一步增强自己对概念或者定理的信任度，那时自己在心里会想：这个概念的含义果然很完美，或这个定理果然很有用。这样，在解题的时候你就会乐于用它，同时自己在证明的过程中还会发现一些问题，对课本上的东西进行一些补充，也有助于对问题的理解。

2．做题运用

这个阶段很关键，做题的过程是一个检验自己的过程，同时也是一个重新学习的过程，一般的知识掌握都会通过做题这个阶段来完成。

3．总结检查

做题的目的不是为了完成任务，不是为了做完，而是为了做会。因此，做完题目后一定要认真总结，对于已经熟练掌握的知识点要心中有数，以后在复习的过程中就不要在这些方面花费太多的时间和精力了。

高效锦囊：知其然更知其所以然

在学习数学的时候，对于概念、公式、定理，要知其然更知其所以然：它是如何推理出来的，可以用来证明什么，与其他概念、公式、定理有何联系等。

"重、精、巧"法学数学

对于那些虽然很努力但数学成绩却一直上不去的同学来说，提高成绩并不能一味地靠做题，要先把课本中的知识点搞清楚。既然数学要立足课本，那么怎么读才有效呢？

高手支招：数学也要重视读

（尹铮）

高中的时候，我们的数学老师告诉我们，数学也要重视读。但这个读与语文、政治等科目还有区别，主要是要落实"重、精、巧"这三个字。老师解释说，所谓"重、精、巧"，是指在学习数学时，对例题要重读，对概念要精读，对要点要巧读。我也确实从这三个字中受益匪浅。

下面，我们就具体来看看如何运用"重、精、巧"来读数学：

1. 例题要重读

教材中的例题，是学习如何运用概念、定理、公式的最一般示范。在阅读时，一定要将例题作为重点。读数学书与读其他书有一个不一样的地方，就是一定要边看边算。阅读例题时也不妨如此，先不急着看演算过程，可以自己试着先算算，算不出来，再看解答。这对提高解题能力是大有益处的。

2. 概念要精读

正确理解和使用概念，是学好数学的前提。阅读概念时一定要一字一句地仔细阅读，把每一个字、每一个词都弄明白。精读的精字，可以从两层意思来理解：一是阅读的时候要精细，要非常认真仔细；二是总结的时候要精练，不能啰啰唆唆。

3. 要点应巧读

所谓巧读，包括以下两层意思：

第一，学会点、画、批、问。把关键的地方都"点"出来，把重点、公式和结论都"画"出来，把自己的理解、质疑和心得等用三言两语"批"出来，把没弄懂的地方用问号"问"出来。

第二，跳出障碍，先看下去。对一时看不懂的地方，不妨先跳过去，或许读过后来的叙述，前面不懂的也就懂了。

高效锦囊：多本书比较着读

在读数学时，要不同的书比较着读。某一处不太明白，不妨看看别的参考书是怎么说的。各书的叙述语言有深有浅，叙述角度有正有反，有时对比着读，往往也就能明白了七八分。

构建数学的知识网络

这里所介绍的知识点网络法，是学习数学的一个重要学习方法，非常值得同学们借鉴。

高手支招：具备数学全局观

（孙田宇）

学数学有一个非常重要的方法，叫作知识网络法，就是把每章的知识、每个单元的知识形成网络，包括知识点的一些结合方式、综合题的考查题型、基本题型等。通过这个网络，每个知识点都不会遗漏。而且对你解决综合题特别有帮助，能帮助你以一个全局的观念来看待每一个单元的每一个知识点。在数学考试中，综合题一般都是知识点的复合，每个知识点都不是很难，但是结合到一起，大多数同学就不会了。

一般来讲，数学涉及4~5个知识点，可以形成一道高考考卷中位于21题和22题那个位置的难题。解这类题，首先需要把相对比较抽象的文字语言转化为数学的符号语言，然后找到一些解题的方法技巧，比如换元法、设参数（设参数的话要注意一下参数的范围），再通过一些数学的运算方式，化简消元，求出参数值，最后得出结果。

比如说有一道比较难的综合题目，我就把它分成五步来解答。第一步，根据它是正方形，可以很轻松地写出它的中点坐标，这就是标点法的应用；第二步，根据它已知的一些特征，可以把外接圆的方程写出来，这也是老师补充的知识点；第三步，把外接圆方程经过一些化简，得到一个相对简化的方程；第四步，根据这个简化的方程，和另外一个由已知推导出来的方程，你可以把这个点解出来。由已知的这些点，可以把最后所要求的直线方程写出来，这样这道题就解决了。

以上方法是高考状元孙田宇的宝贵经验，非常有效，同学们可以试着实践一下。

高效锦囊：把知识点都列出来

在平时做题时，如果遇到解答中出现困难的题目，就将与这道题目有关的解题方法和所考查的知识点在题目的旁边列出来，然后在本子上总结出来。这样经过一段时间的训练，在考试的时候看到题目就能联想到有关的知识点，并迅速找到相应的解题方法。使用这种方法一方面可以提高解题速度，为考生节约不少时间；另一方面做题的正确率会很高，提高了解题命中率。

抓住数学的主要脉络

数学的各个知识点之间有着非常紧密的联系，如果能够抓住其中的一个主要知识点，然后各个击破，学起数学来就会感觉轻松多了。

高手支招：抓住关键，各个击破

（罗远航）

数学是我比较薄弱的学科，在学习过程中，老师教给我一个抓住关键、各个击破的方法。高中数学主要有三条脉络，其中一条主要的脉络就是函数，它与三角、向量、解析几何、立体几何、概率等都有着紧密的联系，当你把这条线全部串起来后，函数的核心内容也就抓住了。完成了这项工作就可以有针对性地对自己薄弱的知识板块进行各个击破了。

下面，罗远航同学举例说明了这个方法的作用：

"比如，解析几何和函数是我比较薄弱的环节，而这两块结合又很紧密，所以在做解析几何题目的时候，我就会注意用函数的思维方法来解题，摸索出了一条比较常规的思路。在考试中应用这种常规的思路是可以节约很多时间的。

再比如，在做直线与圆锥曲线的位置关系这类题目时，很多同学都会通过画图来找到它们之间定性的关系，然后再通过一些巧妙的解法，如交半径等，得出答案。其实在你思考这种创新思路的时候，就已经花去了很多时间，而我用最原始的办法，即方程组法同样可以快速地求出圆锥曲线和直线的焦点、坐标以及位置关系，虽然计算量比较大，但宝贵的时间也节约下来了。"

看来，学数学同做别的任何事一样，只要抓住关键点，就能够轻松地将问题各个击破。

高效锦囊：理清脉络才能一目了然

当你拿到一道比较复杂的数学题时，先不要急着去做，应该反复读题，然后用图表、曲线或者用其他可以表示数量关系的方法理清脉络，使之一目了然。比如，逻辑推理题多用图表法，含二次函数的应用题用曲线法，等等。有些题目步骤较烦琐，可以列表，再按照表中的相同量进行演算，自然会"水落石出"。至于普遍令人头痛的几何图形如何添线，那就应该分析得出结论所应通过的种种渠道，一步步地加以推理。

关注物理的典型问题

学物理有一个特点，就是不光是要有题型，心中还要有典型。

高手支招：抓典型事例

（冯铁夫）

学习物理，不仅要关注题型，还要关注典型。因为，一条道理是从大量事物中抽象出来的，又必然可以解释大量的现象和应用于大量事例中。学习的时候不可能，也没有必要去分析、记住大量事例，因而要抓典型事例。课本上列举的事例一般都比较典型，但是，由于各人的环境、经历不同，可以自己再找出更为典型的事例以加深对知识的理解，又能锻炼自己分析问题的能力，还有助于加强记忆。

那么，应该如何去找典型呢?

（1）重要结论的典型。在物理学中，除了概念和定律外，往往还有许多重要结论，有时容易忘记。我们记住一些典型事例可以加深印象。

①卫星运行轨道参数（周期、半径、速度等）与卫星质量无关。同步卫星就是典型。在这个轨道上，已经有近百个卫星运行，其质量不尽相同。

②当外电路电阻与电源内电阻相等时，电源有最大输出功率。

扩音机扬声器的阻抗匹配就是典型。

③物体的重心不一定在物体上。圆环就是典型。

（2）重要现象的典型。在物理学中研究了许多现象，记住典型现象可以加深对物理实质的理解。

①蒸发制冷现象：在皮肤上擦酒精感到凉快就是典型。

②空吸现象：喷雾器就是典型。

③光的色散现象：虹、霓就是典型。

（3）历史事实典型。知道一些典型的历史事实会造成很深的印象。例如大家熟知的阿基米德为了检验王冠是不是纯金而在洗澡时受到启发，最后发现阿基米德定律的故事就十分典型。

（4）仪器、设备的典型。任何一件仪器和设备都是人们按照自然规律设计并为人们服务的。如果我们选择一些我们能看得见、摸得着的设备、器材进行一番分析，甚至亲自做些实验，收效会很大。例如照相机是凸透镜成像的典型。我们骑的自行车是力学、热学知识应用的典型。

高效锦囊：成为物理典型的条件

具备下列条件之一者均可选为典型：(1)常用；（2）易记；（3）简单；（4）印象深刻；（5）绝无仅有。

逐步建立"化学思维"

学习化学，重要的是要培养化学思维，形成"化学头脑"。

高手支招：形成"化学头脑"

（王璐璐）

　　学好化学不仅仅在于会解题，能得高分，更重要的是一种化学思维的培养，或者说是一颗"化学头脑"的形成。所以，在课本教材范围或资料中，可浏览一些介绍化学新领域和新动态的报刊，通俗易懂的化学论文，甚至是一些大学教材。这不仅能够开阔眼界，拓展知识面，而且有利于参加各类化学竞赛，同时对目前各类考试流行的新题型——信息题的解答也会有所帮助。

　　高中化学是一门兼有文理科性质的课程。说它有文科特点，是因为化学不像物理那样有一套十分简洁并具有数学美感的完整的公式体系，而是有许多零散的知识点分散在各处。特别是在元素化学和有机化学中，有许多元素或物质特性无规律或公式可循，必须在理解的基础上背熟。当然，其理科的一面在于运用原理和公式解释现象或做出定量分析判断。这就决定了学好化学的一条重要策略是：除了对概念理论的理解和掌握运用外，更要做个有心人，留意零散的知识点，并能学以致用，在新的环境中运用已学的知识。

归纳零散知识点的办法也很多。各类报纸和期刊上常有这类小文章，如各类气体的溶解度、原子分子结构中一些原理结论的反导以及化学实验装置顺序等。另外，老师上课的归纳和自己在平时看书做题时的总结也能使你受益匪浅。

高效锦囊：构建一个知识网络

推断题是高中化学学习的一个非常重要的方面，它涉及各种元素化合物之间的联系，将许多章节的内容融合在一起。所以在平时的化学学习中，一定要构建一个知识网络，用元素将各种各样的反应和化合物连接起来，这样由一个知识点就可以联想到多个相关知识点。

学习生物要文理结合

生物虽属理科，但其本身却具有很明显的文科特征。因此在学习时要采用背诵加推理的文理结合办法。

高手支招：生物书要多读多看

（陈秀野）

生物需要背诵的东西很多，书一定要一遍一遍地看，要看清其中的每一个细节，因为绝大多数题目都是直接或间接地源自课本。对于高二或将上高二的学生，学有余力者应该回头看看初中的生物书，因为高中生物课程是默认大家初中学过生物的，但初中时可能很多同学学得不是很认真，而高中生物的教材和一些题目都默认大家还记得初中的生物知识，并在此基础上进行深化。如果把以前的知识忘得很干净，做题的时候可能就不太顺利。经常有一些别人能做出来的题，你根本就看不懂，甚至看完答案也搞不懂，所以如果有精力的话不妨把以前的生物书再看一看。

陈秀野同学的感觉是，掌握各种"常识"的人（对于有些生物题的简单解释常常是"这是常识！"），做生物题时容易有优越感，而且不管题目怎样出，成绩通常都会稳定在不错的水平。而对于大部分人而言，因为各种并不常见的"常识"常常在题目中出现，如果有比较好的习题积累，到高三后期生物"常识"的掌握基本上也没问题了，但这需要你平时做有心人，随时随地积累，甚至反复记忆。其中许多是生物的基础知识，打基础就要不惜像学"文科"一样老老实实地背。当然在背诵积累的时候也要掌握技巧。比如生物学分类里面，植物分类到科之后，高考基本就不会涉及了，动物分类只要掌握一些比较常见的生物就可以了，例如蚯蚓、水蛭等。

但是，生物毕竟还是理科，虽然要背的东西很多，但不用逻辑推理是学不好的。有一些生物问题，如果动动脑子，就可以得出很有趣的结论或者发现一些很有意思的现象。而且生物学中有许多内在联系，教材中不见得提到，勤于思考对于深刻理解生物学中的内在联系是很有益的。

高效锦囊：生物学习的几个重点

学习生物要重点攻破几个重要的堡垒，比如遗传与变异、生物工程、生物圈与生物网、育种等，对这些重点知识一定要不厌其烦地练习。

数学的重复记忆方法

重复记忆有三种方式：

标志记忆法

在学习某一章节知识时，先看一遍，对重要部分用彩笔在下面画上波浪线，在重复记忆时，就不需要将整个章节的内容从头到尾逐字逐句地看了，只要看到波浪线，在它的启示下就能回忆起本章节的主要内容，这种记忆称为标志记忆法。

回想记忆法

在重复记忆某一章节的知识时，不看具体内容，而是通过大脑回想达到重复记忆的目的，这种记忆称为回想记忆。在实际记忆时，回想记忆法与标志记忆法可以配合使用。

使用记忆法

在解数学题时，必须用到已记住的知识，使用一次有关知识就被重复记忆一次，这种记忆称为使用记忆。

第一章

语文高分并不难

　　语文是一个不容易考高分的科目，但如果掌握了正确的答题技巧和写作文的方法，你会发现，语文高分并不难。

警惕考试中的不良习惯

这里是针对语文考试中的一些不良习惯进行的分析，希望同学们能引以为戒。

高手支招：不能想到哪儿写到哪儿

（张华）

高考语文和文综这两科具有很多共同性，在答题时切忌想到哪儿写到哪儿，这样不容易得分。

我以前的语文考试成绩经常上不去，可该学的我也都学了，那些考题我也认为并不是太难，原因在哪里呢？后来，我慢慢发现，原来是我在考试中的一些不良习惯在作祟。例如审题不细、不打草稿，想到哪儿写到哪儿等。

下面，我们来看看在语文科目中普遍存在的那些不良考试习惯：

（1）阅读题面不仔细，定势思维。长期大量的模拟题训练，对提高学生解题能力无疑是有效的，但也容易造成学生的定势思维：习惯于认为某知识点的题型考法就是固定的某种模式。而在考试时，一旦出现的题目稍有变化，学生很容易死守老套，上当受骗，造成失分。

（2）答题程序不熟悉，懒打草稿。有许多学生认为，语文考试不同于数理化，无须计算，所以可以不用打草稿。其实，很多语文题是必须打草稿的，因为它要求准确、精练。虽说现在多数简答题已经取消字数限制了，但我们在做鉴赏题、文言翻译题、现代文阅读简答题、仿写题、语段压缩题时，仍然应该打草稿。有的学生认为这是浪费时间，不起作用，却在答了一段文字后，发现自己已经把答题空白处填满，还没有说到点子上，于是又来添改，把卷面弄得很不美观。既如此，何不先在草稿上写好改好，再一气呵成写出精美简练的答案呢！

（3）答题不规范，答非所问。有的考生答题，由于心中无数，喜欢下大网。尤其在鉴赏题上，总是把"中心明确，语言优美，首尾呼应"之类的话一股脑地铺在卷子上，希图"碰"上一点分。殊不知，阅卷老师大多反感这种做法；更何况，言多必失，有时答案中的话写多了，反而把正确的要点淹没了，否定了，得不了分。

由此可见，想要提高语文考试成绩，首先要做的，就是杜绝这些不良的考试习惯。

高效锦囊：作文也要打草稿

作文草稿的形式可以不拘一格。有人喜欢打腹稿；有人喜欢拟提纲。在此，我们推荐"拟提纲"的做法，毕竟多数人的想法是"想不清楚，写下来才慢慢清楚起来"的。无论如何，那种不打草稿，写到一大半才发现"离题万里"的人，是很不明智的。

利用题目中的隐含信息

在语文考试中，可以把试题所隐含的信息作为解题的突破口。

高手支招：发掘题干中的有效信息

（刘玉华）

语文试题的题干实在是一种重要而有用的信息，认真阅读分析并充分利用题干中的隐含信息，将会给我们准确、快速地阅读文本并完成语言表达题带来莫大的帮助。

现在语文考试中的阅读理解不仅仅要求读懂文本内容，还要求仔细阅读试题中的题干，因为高考语言表达题题干的设置十分巧妙，具有很重要的暗示作用。因此，要充分发掘题干中隐含的有效信息，从题干中寻求解题的突破口，确保准确答题。

那么，语文试题中都隐含了哪些有用的信息呢？很多一线教师给我们总结了经验：

1. 题干中隐含了命题意图

如某年上海语文试题第3题：有人说，这篇文章有以下几个要点：①近年来以都市居民为主要读者的综合都市报快速发展。②报纸广告增长迅速，综合都市报占据主要广告份额。③我国报纸发行量增速较快，但每千人拥有量仍然偏低。④目前我国报纸的种类和发行量还大有增长空间。

你认为要点和顺序都正确的一项是（　　）

A.④③②①　　B.④②③①　　C.③④①②　　D.③④②①

该考题命题意图是要考查学生分析文章的思路（顺序），整体把握文章内容、归纳文章的要点，答题时要综合考虑，这两个要素缺一不可。答A项或C项是没理解文章的内容要点，答B项则是把文章要点的先后顺序弄错了。

2. 题干中隐含了答题方向

某年上海语文试题第5题：根据第一段中"特殊""似乎"等词语，说明全文构思的巧妙之处。第一段："目光"作为一种特殊的"光"，似乎也具有各种物理光学特征。

此题关键要从"全文构思"的大处着眼来分析，而不可被"特殊""似乎"等词所误导。透过"特殊""似乎"，联系全文我们不难发现全文巧就巧在牢牢抓住社会生活中的目光与物理光学特征的共性来构思行文，写作上运用了相似的联想手法，答案应该是：借用物理光学特征联想到社会生活中的目光。

高效锦囊：诗歌题中隐含作品的感情主旨

如诗题中的"怨、愤、哀、喜、思、忆、赠、答、别"等字眼儿，实乃点睛之笔，具有鲜明的暗示作用。如《书愤》《静夜思》《春夜喜雨》等，观其标题，便不难推知其情感和内容。

阅读题要做到快而不乱

高考语文对现代文的要求比较高，考生只有掌握一定的阅读技巧，才能做到快而不乱。

高手支招：读得快，还要有质量

（蔡丽华）

高考考场上的时间是宝贵的，尤其是语文，因为你要留足够的时间在作文上。现代文阅读题非常耗费时间，你不但要把阅读材料吃透，而且还要进行概括、总结，这样才能回答好后面的问题。因此，在语文考场上，对阅读材料要做到能够整体快速阅读，也就是说，不但要读得快，还要有质量，必须要充分把握材料的内容和考点。囫囵吞枣似的快读毫无意义，反而会使你在解答后面的问题时思路不清。

面对一篇文章，首先应该做的是整体快速阅读，弄清文章的体裁及大致内容。如果是说明文，则要先弄清说明对象和说明中心；是议论文，则要把握中心观点；是散文，则要看懂描写对象，抒情基调；是小说，则要抓住中心人物和事件。阅读的捷径：一看前端标题，二看文后注释。

标题是文章最重要的信息。说明文的标题往往直接点明说明对象或说明中心，如《景泰蓝的制作》《神奇的极光》等。议论文的标题有3种，一种是直接点明中心观点，如《改造我们的学习》；一种是间接点明中心观点，如《别了，司徒雷登》；一种是确定论述对象或范围，如《中国艺术表现里的虚和实》《孔孟》等。散文的标题则主要是确定描写对象，如《故都的秋》《我的空中楼阁》等，其抒情基调蕴含在与标题紧密相关的关键性语句中。

其次作者在写文章前都要先搭一个架子，然后组织材料，这个架子体现了文章的整体思路。好的文章材料附着在架子上，就像肉附着在骨头上。因此，要理清思路，就必须先将这些肉剔除。是说明文，则将涉及各种说明方法的材料剔除。如举例子，则将例子剔除；如列数字，则将数字剔除；如作比较，则将比较的另一方剔除。是议论文，则将各种论据剔除，包括事例论据、引用论据、比喻论据等。

高效锦囊：答题时要循序渐进

语文阅读题的命题者拟题是从整体上来设计的，几道题由浅入深，题与题之间既彼此独立又互相联系。一般来说，应从第一题入手，循序渐进地答题。但有时也可前后参照，从题目之间的关联性上得到启发，从而更快捷地找到答案或验证答案。

文言文要善于审题

在语文考试中，文言文阅读每年必考，但真正能得高分的人并不多，这里介绍一个攻破文言文难关的方法，希望对考生们能有所帮助。

高手支招：别在审题上丢分

（郭媛媛）

文言文阅读历来是高考易丢分的一项。从我身边的同学来看，不少人在做文言文阅读题时，往往丢分在不注意审题上，例如问的是"全都直接表现某某人热爱国家、不畏强敌的言行的一组是哪项"，有些同学往往忽略"直接"或"言行"这样的重要词语，造成所答非所问。高考临近，在做文言练习时，要注意多积累考试经验。

为了避免郭媛媛同学所说的这种情况，同学们在解答高考的文言文阅读题时，应分为两个阶段：

（1）先扫读一遍，大致了解文言文段是什么文体。如果是记叙文，那么要知道写的是谁，大概是怎么一回事。这时，一定不要把注意力过多地放在具体语句上，要把有些看不懂的地方暂时放过去，顺着往下读，借助文言文段的题目、注解和出处，借助设题，先弄懂文言文段的大致意思。然后，借助这个大致意思，返过去读第二遍，由于前面的粗读已经理出一点头绪，有了思考的方向，所以再读的时候，原来没弄懂的地方就变得比较好懂了。如果碰到比较难的文言文段，就要反复这样"串"几遍。词不离句，句不离篇，前后推敲，整体把握。

（2）解决个别难点和正确把握文意、准确翻译文句的阶段。在这一阶段也要善于借助。例如，善于借助字形分析和邻里相推，来正确判定实词词义，观照语言环境掌握虚词用法。这一阶段要有排除干扰的意识，例如古今异义的干扰，防止望文生义，以今释古。高考文言文段不会脱离课本知识另起炉灶，所以要善于知识迁移，联系已有知识尤其是常用词的常用义项和常见虚词的一般用法来推出新知识。

综合来看，文言文阅读确实是个"硬骨头"，不过如果掌握了正确的方法，再"硬"的骨头也变得容易"啃"了。

高效锦囊：善于前后推导

有些同学在读文言文时，对自己要求太高，第一遍没读懂就心急火燎，在个别语句上纠缠，非要字字句句弄个水落石出不可，结果反而难以明其大意。考生应该知道，所选文言文段一定不会容易到让你一看即懂的地步，第一、二遍看不太懂是很正常的。所以要保持良好心态，调动各种手段，借助各种力量，善于前后推导，一步步走完解读过程。

如何写好作文的开头和结尾

一般来说，文章开头力求做到一简、二美、三有哲理。

简，就是开篇语言简洁，直奔主题，使阅卷老师一目了然；美，就是开头的语言能给人以美感，或文采斐然，或意境深远，或情趣盎然，这样必会打动阅卷教师的心；哲理，是一种深度，一种高度，如果都做到了，那效果肯定错不了。

高考作文由于受时间和字数的限制，开头最好采用"开门见山"的写法：或"落笔入题"，说明写作缘由；或"开宗明义"，揭示全文主题；或"言归正传"，快速开始讲故事；也可以采用"形象化"的写法：或描写环境，以引出人物；或抒发感情，以渲染气氛；或先叙故事，以引出深刻道理；或借诗词谣谚，以为叙事的开端。好的开头，新颖生动，引人入胜。

结尾的方法也有很多：总结全文，以揭示主旨；展示未来，以鼓舞斗志；抒发情怀，以增强文章感染力；语言含蓄，使读者掩卷而思仍遐想不已。

第二章

考好数学有方法

　　数学要想考出好成绩，不但需要扎实的基础知识、灵敏的解题思路、高超的计算能力，还需要具备适用考试的策略和良好的应试战术。

让思维提前开始数学活动

由于高考有严格的时间限制，因此拿到题后要迅速解决"从何处下手"和"向何方前进"这两个基本问题，这与平时作业没有时间限制有很大区别。因此，在拿到试卷前，就要让脑子开始进行数学活动。

高手支招：让大脑进入数学情景

（罗浩然）

参加数学考试时，在拿到试卷前半小时，就应让脑细胞开始简单的数学活动，让大脑进入单一的数学情景，这不仅能转移临考前的焦虑，而且有利于把最佳竞技状态带进考场，这个过程跟体育比赛中的"热身"一样，具体操作如下：清点用具是否齐全，把一些重要的数据、常用的公式、重要的定理过过"电影"，同学之间互问互答一些不太复杂的问题，但要注意提出的问题不能太难，否则会出现紧张情绪。

在拿到试卷后，接下来要做的，就是迅速摸清"题情"。

考生刚拿到试卷时，一般心情比较紧张，思考问题尚未进入高潮，此时不要匆忙答题，可先从头、尾、正面、反面浏览一遍全卷，弄清全卷有几页、几题，印刷是否完整、清晰，尤其认真读试卷说明与各类题型的指导语。其主要作用是：

（1）了解试卷的全貌和整体结构，便于从科学的知识体系产生联想，激活回忆，提高分析问题的能力和解决问题的效率。

（2）顺手解答，即顺手解答那些一眼便能看得出结论的简单选择题、填空题，寻找自己比较熟悉的内容极易上手会做的题目，只要能很快答出一两道题，情绪就会迅速稳定下来，有"旗开得胜"的愉悦，有一种增强信心的作用，将会鼓励自己能更充分地发挥。

（3）粗略分类，给"先易后难"做好准备。

（4）心中有数，即题目有数，各学科知识心中有数，每一道题得分情况有数，不怕难题不得分，就怕每题都扣分。

高效锦囊：记住典型题的解法

平时记住一些简单常用的结论和经典的试题可以在考试中节省时间，还能保证正确率。如果同一道题在两次考试中出现，你就应该记住这类题的解法和结论。

执行好答题的三个循环

在数学考试中，时间是一个大问题，一般来说，解答一套试题可经过三个循环，一头一尾两个小循环，各用时10分钟左右，中间一个大循环，用时近100分钟。

高手支招：得分优先，随机应变

（冯彦）

我考数学时所采取的原则是："得分优先，随机应变"。因为，质量与速度是同等重要的。要保证能得分的地方绝不丢分，不易得分的地方争取得分，防止被难题耗时过多而影响总分。一旦审明题意，则要快速解答，扣住要点写，不要拖泥带水，有的考生答得过多、过细，看似完美，实则得不偿失，因为高考评分的原则之一是"按要点给分"，阅卷教师不会因为你写的字数多就多给分。

冯彦同学的经验是在考试中要灵活答题，以得分为第一原则。要想达到这个效果，就必须执行好答题的三个循环：

（1）通览全卷，先做简单的题，是第一个小循环。按高考题的难度比例3：5：2计算，可先做30%的容易题，得到30%左右的分数，同时把情绪稳定下来，将思维推向高潮。

（2）第二个循环用时100分钟，基本完成全卷，会做的题都做完了，在这个大循环中，要有全局意识，能整体把握，并要执行"一快一慢"的原则。答题"一快一慢"就是说审题要慢，答题要快。审题要慢：是说题目本身包含无数个信息，问题是你会如何将这无数个信息通过加工、整理成你的有用的东西。这就是需要逐字逐句看清楚，力求从语法结构、逻辑关系、数学含义、解答形式、数据要求等各方面弄懂，这一步不要怕慢。成在审题，败在审题。

（3）第三个循环，检查收尾。用大约10分钟的时间来检查解答并实施"分段得分"，对于大多数考生来说，不可能在第二个循环中答对所有题目，因此即使做完了题目，也要复查，防止"会而不对，对而不全"，这一步是正常发挥乃至超水平发挥不可缺少的一步。

高效锦囊：不要怀疑题目

答题过程中遇到问题不要怀疑题目是否出错，而要怀疑自己的思路是否有错误。坚持"5、2、2原则"，把眼睛多盯在选择题的前5个，填空题的前2个到3个，解答题的前2个。这些题都是送分的题，不会很难，所以要好好看题。

答题顺序很关键

在数学考试中，答题顺序很关键，一般要做到四先四后，就是指答题时要先易后难，先熟后生，先高后低，先同后异。

高手支招：先做容易题提升信心

（高瑜）

我考数学时的答题顺序是先易后难。先做容易题，以收旗开得胜之效。通常按试卷题号依次解答，但也不能机械地按部就班，况且数学高考题往往不是严格按由易到难排列的，客观题的最后几道小题往往比解答题的第一题要难，最后的"压轴题"也不一定最难。中间出现难题时，你不妨先跳过去，待到最后有时间时再返回来攻克难关，切不可"死缠乱打"，顾此失彼。

数学考试中，考虑到满分卷是极少数的，绝大多数考生都只能答部分题或题目的一部分，因此，使用好"四先四后"的技巧是明智的。即：

（1）先易后难。就是说先做简单题，后做困难题，跳过啃不动的题目，对于低分题不能耽误时间过长，千万防止"前面难题久攻不下，后面易题无暇顾及"。

（2）先熟后生。通览全卷，既可看到较多有利条件，也可观到较多不利因素，特别是后者，不要惊慌失措，万一试题偏难，首先要学会暗示自己，安慰自己"我难、你难、他也难，大家都难不算难，要镇定，不要紧张"，先做那些掌握得比较好，比较熟悉的题目，这样容易产生精神亢奋，会使人情不自禁地进入境界，再展开联想，促进转化，拾级登高，便可达到预想不到的目的。

（3）先高后低。就是说要优先处理高分题，特别是在考试后半时间，更要注意解题的时间效益，两道都会做的题，应先做高分题，后做低分题，尽可能地减少因时间不够而失分。同时要注意防止前面低分题久攻不下，后面高分容易题无时间光顾这种现象发生。

（4）先同后异。就是说考虑将同类型的题目集中处理，这些题目常常用到同样的数学思想和类似的思考方法，甚至同一数学公式，把它们和起来，一齐处理，思考比较集中，方法知识网络比较系统，有利于提高单位时间的效率，避免兴奋中心的过快转移带来的不利影响。

考生在参加数学考试时，可以根据自己的情况灵活运用这四先四后的答题顺序，不必太拘泥死板。

高效锦囊：数学运算要心笔结合

为了节省时间，很多考生喜欢心算，这样很容易出差错，要心算笔算相结合。而且近年来考纲上要求的计算能力比较高，所以肯定要出一些计算题进行考查。考生要特别仔细认真。

做好选择题的技巧

在高考数学试题中，选择题客观性最强，技巧也很多，除了正面进攻的直接选择法以外，还有其他一些事半功倍的方法可供采用。

高手支招：反证法与特殊值法

（刘梦华）

在做选择题时，除了正常的方法外，反证法是一个很简便的方法。首先假设某一备选答案正确，再通过推导或计算来证明假设与已知条件或定律矛盾，从而否定假设的合理性，以此间接地确定出应选的答案。二是特殊值法。选取特殊值代入。往往会使题目显得清晰。有时一道选择题不用全做，代入一个如0、1、-1、e等这样的常数就能得解。三是极限法。将题目条件扩展到极限情况，采用极限思维，经常会给人一种豁然开朗的感觉。

除了刘梦华同学所介绍的这三种方法外，下面还有几种由多位一线教师总结的方法可以借鉴：

（1）排除法。逆向进行，从选项入手，一边审题一边排除，一个一个地排除掉，直至得到正确选项，看似复杂的问题会变得很简单。

（2）估值法。运用一些基本定义如定义域、值域或不等式的有关知识来确定一个足够小的范围，使四个选项中只有一个在此范围内，那么正确答案就得到了。

（3）赋值法。在一些特殊形式的选择题中，给未知量赋一个适当的便于计算的值，来确定正确答案。

（4）图形法。就题中已知条件画出合适的图形，如数轴、集合、三角函数等图像，在图像上分析得出答案。

（5）归纳推理法。原理如数学归纳法，但较其简单，依题目已知推理下去，来找出规律，归纳出正确答案。

高效锦囊：做选择题要控制时间

在数学考试中，不为小题纠缠不休。选择题控制在一两分钟左右，节省时间。只有先把前面的选择题又快又准地做完，你才有更多的时间去思考后面的大题，同时，这样也为检查节省出时间。

如何答好数学主观题

1.计算题的解题关键是要找到解题的突破口和解题途径

可以一方面从已知条件分析，看看由此能进一步求得哪些结果（能做什么？）；另一方面从题目最后要求计算的问题分析，看看要得到该答案需要哪些前提（需要什么？），这样两头分析，往往能较快地理出解题思路。

2.计算题最实际的方法就是跳步解答

当一个问题需要好几个条件才能解决，而有一个条件你始终得不到时，你便可以假设这一步成立，利用它的结论来解决后面的问题。如写"可证为……"，把这一过程舍去，是为了得到后面的分。就像数学归纳法的证明，格式很机械，在证N=K+1时遇到不会做的情况，可以在中间连不上的时候，用词语强行连上。老师批卷的时候只会扣中间一两步的分。

解题方法丰富多彩，形式多样，但在应用时要具体问题具体分析，防止形而上学，用烦琐或不可行的方法去解题，造成不必要的时间和精力上的浪费，一切应以用最少的时间解出题为根本原则进行解题。

第三章

英语试题有规律

　　英语与语文一样，都是一门非常讲究语感的科目，想考出好成绩主要靠平时的积累。不过，在高考英语题中，还是有一些规律可循的。

快速解答单选题

解答英语的单选题，有一些简单易行的技巧，掌握了它们，你做题时的把握就会更大。

高手支招：提高选择的准确率

（王晓书）

众所周知，英语试卷中的单项选择这一题型考查的知识面广，需要我们有扎实的语法知识、丰富的词语用法积累和结合语境灵活运用语言的能力，因此，不少同学感觉此项内容在考试中不易得分。高考复习时，我看到了天津高欣老师的答题方法——捕捉标志性词汇和利用标点符号线索，觉得非常有效，或许能帮助大家提高做选择题的准确率。

下面，我们就来看看这两种方法怎么具体应用：

1. 捕捉标志性词汇，寻找解题突破口

eg：_____rapidly by the body, sugar provides a quick energy source.

  A. Digested   B. Digesting

  C. To digest   D. Having digested

解此题时，可能有些基础稍弱的学生对题目和选项都不能完全看懂，因此无法得出正确结论。其实，此题的关键词是"by"，它可以提示各位同学，这里需要一种被动的关系，这样就很容易得出正确选项为A。

2. 利用标点符号线索，准确锁定最佳答案

eg：＿＿some of the juice——perhaps you will like it.

A.Trying   B.Try

C.To try   D.Have tried

英语中的标点符号往往可以给同学们一定的提示。因此，在做题时一定要留意句中的标点，它能够帮助你准确地判断句子结构，让你快速做出正确选择。英语中的破折号是用来连接两个完整的句子的，从这一点入手，很快就可以排除A和C这两个强干扰项。选项D的时态有很明显的错误，因此选B。

高效锦囊：选择题要边做边涂答题卡

针对英语科目填涂答案多的特点，建议同学们在答题的过程中边做边涂（前提是不影响自己的答题速度）。曾经有一个高水平的考生，因忙于答题忘记涂卡，当意识到还有机读卡未涂时，离交卷的时间已不多了。

填空题的解答技巧

完形填空是高考每年必考题型且难度较大、分值较高，如何快速准确地做好完形填空题是每个考生都很关注的问题。

高手支招：明确解题步骤

（黄伟）

做完形填空题最忌拿到试题就开始边读边填空。从表面上看似乎是快了，但实际上由于对全文的大意心中无数，往往做了后面，忘了前面，很可能是漏洞百出，"欲速则不达"。因此，这种做题方法是不可取的。我在一个网站上看到一位老师教的方法非常有效，就是在做完形填空题时，应首先明确解题步骤，即通览—试填—复核。

下面我们就来看看这三个步骤的具体情况：

（1）通览：速读全文，把握大意。快速阅读一下全文，通过通览全文、领会大意，概略地了解文章的体裁、背景、内容、结构层次、情节、写作风格等。

（2）试填：紧扣文意，综合考虑。先易后难，逐层深入。紧扣全文内容，联系上下文和语境，展开逻辑推理，注意从上下文中寻找线索，注意词汇的意义、搭配，从惯用法、语法、常识等多个角度进行综合考虑。

（3）复核：全面检查，确保语意连贯，用词准确。试填后，要把全文再通读一遍，注意看所选答案填入空白处后能否做到文章意思通顺、前后连贯、逻辑严谨、结构完整、首尾呼应。

在解答这类题时，以上步骤一定不能省，也不能乱，否则，将给你后面的答题带来麻烦。

高效锦囊：认真理解首尾句

由于完形填空短文一般不给标题，这就使得考生一时把握不了文章的主题和大意。而短文首句及尾句一般不挖空，这就给考生提供了抓住开篇启示和概括总结全文大意的机会。因此，考生必须认真理解短文的首句和结尾句。掌握了首句往往就为抓住全文大意打开了通道。尾句常常是文章的总结、结论或点睛之笔，掌握好尾句也有利于掌握全文大意。

提高阅读题的正确率

高考英语的阅读理解题信息量非常大，要在短时间内快速通读并理解并不是一件容易的事。

高手支招：提高阅读速度

（陈星）

很多同学做英语考卷的时候，总会遇到时间不够的尴尬，阅读总是看不完，最后留给写作的时间就少得可怜，文章匆匆开篇，草草收笔，往往阅读没做好，作文得分也不高。要解决这个问题其实并不难，只要能提高阅读效率，一切就迎刃而解。

那么，怎样才能提高阅读效率呢？关键点就是先看题目再看文章。

一般而言，我们做阅读都是先看文章再做题目，这样的阅读方法有利于对文章整体的理解，这固然有其合理之处，但对于应试却不是最有效的。高三复习到这个阶段，英语阅读大家做的也不少了，只要稍稍留心就会发现，任凭文章的体裁、难度和长短怎么变，出题法门却只有一个，即只能出在所谓的"信息点"上。或是单个的信息点，或是几个信息点的结合，总之是"题不离文"。

我们知道，一篇文章的信息点可能有很多，但并不是每一个在做题时都真正有用。很多同学之所以费时费力地看完了一篇文章，自以为懂了，题目却还是做错了，就是因为对文章信息点的理解与记忆发生偏差混淆，以至受到错误选项的强烈干扰。为了解决这个问题，最好的办法就是"先看题目再看文章"。也就是说，带着问题有针对性地看文章找信息点。这种方法可以帮你有效率地确定阅读重点，正确地寻觅到命题者的思路，知道命题者想考你什么，他考你什么你就着重读什么，对其他部分统统掠过即可。

高效锦囊：把握阅读的重点

高考英语阅读并不要求把文章一字一句都看懂，只要能准确地处理信息、把握重点就够了。所以看不懂的部分，与文章无关的，可以毫不客气地扔掉；觉得有价值，看看选项中有没有什么同义替换，如果有，那个选项正确的可能性是比较大的。

五种句型帮你写好英语作文

句型一：S+V主谓结构

例句：The gas has given out.

句型二：S+V+O主谓宾结构

例句：They found their home easily.

句型三：S+V+P主系表结构

例句：The flowers smell sweet and nice.

句型四：S+V+01+02主谓双宾结构

例句：He offered an old man his seat.

句型五：S+V+O+C主谓宾补结构

例句：They saw the students reading attentively under the tree.

从5种最基本的句型入手学写英语作文是一种很好的学习方法。试想，英语再差的学生，要掌握这5种基本句型也并不困难。

因此，这是一种低起点、高标准的学习方法，值得借鉴。

第四章

文综应试有技巧

　　文综的考试一般包括历史、政治等。针对这些科目，在考试时一定要注意答题思路的完整。

答好文综单选题

在高考文综测试中，客观性试题是考查考生的基础知识和分析能力的常见方式。

高手支招：抓住基本理论知识

（林小杰）

高考后，很多同学都说自己这次文综考试中的单选题答得非常不理想，在大家心目中，单选题应该是试卷中最容易得分的题目了。为什么会出现这种情况呢？其实，最主要的原因就是在掌握基本的理论知识上有缺陷。一种，表现为对教材中的理论知识不熟悉，甚至根本不知道；另一种，对理论知识一知半解，回答问题时张冠李戴，颠三倒四；再有一种，死记硬背，只会机械性记忆和背诵书本上的词句而不能应用。

针对这个问题，一位高考阅卷老师总结的经验是：

考生在解答单项选择题时，要运用集中性思维。所谓集中性思维，就是利用已有的经验和知识，沿着一个方向去思考，经过分析、综合等逻辑推理而得出某一结论的思维方式。只有思维方向明确，才能在四个选项中选出一个符合题意的正确答案。如：

一些本来只有少数人有能力购买的高档商品，过了一段时间

后，其价格会逐渐降低，成为普通商品，这是由于（　）

A.随着个别劳动生产率不断提高，单位商品的价值量不断减少

B.随着个别劳动生产率不断提高，生产的商品价值总量不断减少

C.随着社会劳动生产率不断提高，单位商品的价值量不断减少

D.随着社会劳动生产率不断提高，生产的商品价值总量不断减少

这道题只有C项是正确的。高档商品价格逐渐降低，根本原因在于社会劳动生产率的提高导致单位商品的价值量减少。由于价值决定价格，价格下降，故A、B、D三项是错误的。

可见，其实答好政治单选题并不难，只要基础知识扎实、注意力集中就不容易丢分。

高效锦囊：注意对应知识的主次关系

复习政治时要注意对应知识间的主次关系，诸如生产与消费；价值与价格；市场调节与宏观调控；内因与外因；物质与意识；客观规律与主观能动性；社会价值与自我价值；实践与认识；国体与政体；国家性质与国家职能等，要警惕命题者以貌似辩证性的手法加以干扰。

用发散性思维解答政治多选题

政治多项选择题按照题意应选的答案不止一个。它与单项选择题有相同的地方，就是备选答案间的干扰形式也是正确与错误之间互相干扰，所不同的是二者应选答案的数量以及干扰程度不同。

高手支招：从多个角度去考虑

（林叶）

　　大家都知道，政治应该分成政治、哲学和经济学这三部分。比如政治上热点专题部分，讲到"和谐社会"这个问题，你必然要从政治、哲学、经济学角度去考查。在三个角度中，每个角度都要去整理出"是什么""为什么""怎么办"等小分类。什么是和谐社会？为什么要建设和谐社会？怎么去建设和谐社会？以此类推，逐步细化。就是通过模块，一块一块逐步细化，再复杂的知识点都可以这样细化。经过这样的学习，等考试时面对多项选择题时，就不会有漏选的情况了。

　　与单项选择题相比，政治的多项选择题显然提高了难度，它不但考查了同学们对知识掌握的细致程度，还要求考生具有相当的发散思维能力。

　　长年致力于一线教学的吴宝明老师认为，在解答多项选择题时，思维应高度发散，将符合题意的答案全部选上，这种思维属于发散性思维。发散性思维用于解答多项选择题，一般有如下两种情形：一种是"放大"题干，使题干系统各内在构成要素明确化，形成一个个发散点，再把这些发散点与各备选答案联系起来，运用所学知识进行排谬选正，最终把应选的答案全部选上；另一种是不"放大"题干，但对题干进行"审思"，把题干与所学知识联系起来，然后运用这种联系逐一审查备选答案，凡符合这种联系的备选答案都是正确答案，都应选上。

高效锦囊：立足课本，夯实基础

　　进行政治复习时要立足于本学科，夯实基础，要求考生能确定概念与结论的类型，把握中心概念，并能从内涵、外延等多方面理解，即要对考试范围内的全部知识点做到准确理解基本概念，全面把握基本原理，深刻领会党和国家重大路线、方针和政策，切忌简单化和一味死记硬背，要在把握每一个知识点的基础上，进一步把握知识点在系统中的纵横坐标位置，从宏观上建立知识间的内在联系，形成综合化的知识体系，做到心中有数，条理清楚，因果明确。

如何解答历史概念型选择题

近年来，历史高考试题明显加强了对历史概念的考查，因此考生在平时学习和考前复习时一定要注意对历史概念的理解。

高手支招：准确理解历史概念

（刘爽）

对于历史概念性的选择题，我身边有很多同学都抱着轻视的态度，认为死记硬背就可以轻松解决。结果，考完后，却恰恰有人就在这类题上栽了跟头。因为，概念型选择题虽说主要依据基本历史概念来命题，但主要考查的是我们对历史概念的再认再现和理解阐释能力，要求我们对历史概念能准确理解，并对其内在规律和本质进行把握，仅仅依靠死记硬背是无法答好这类题的。

综合多位一线教师的经验后，我们把概念型选择题的一般解题思路和方法总结如下：

（1）由于这类试题是对基本历史概念的考查，所以要求同学们必须对历史事件、历史现象、历史人物等基本概念的原因、性质、内容、特点、结果、影响等全面而准确地理解和掌握，真正理解历史概念的内涵和外延，同时还要对相近、相似的历史概念进行比较。

（2）此类试题的命题多数会在备选项的表述上采用混淆手法，或偷梁换柱，或以偏概全，或以末代本、因果倒置，所以做题时要通过比较词语含义来辨识其是否符合历史概念的准确含义。又由于此类试题多考查历史教材上的隐性知识，所以在做题时多采用逻辑推理法，即结合相关的知识结论来判断选项是否符合题意。

（3）在解答概念选择题时还要注意对概念进行定量和定性的分析。所谓定量分析，就是对历史概念的时间、空间位置、适用范围等在量度上的界定；所谓定性分析，就是对历史概念的性质、本质等属性上的界定。只有在对历史概念进行定性定量的分析识记后，才能灵活自如地应对概念选择题的考查。

（4）概念型选择题的题干中限制性条件较多，所以审题时要一一分析，不能漏掉任何一个，否则解题思路就会偏离题干要求，同时对一些隐性的限制词要特别注意，这往往是解题的关键。

高效锦囊：了解概念型选择题

概念型选择题往往在题干中提出一个基本概念，备选项则是对这一概念的阐释。在题干中经常出现的主要标志性用语有"内容是""标志是""性质是""特点是""准确的理解是"等。

解答历史问题的"四步法"

1.知识到位

要全面思考所要解答的内容，力求所需的相关史实的知识点全部到位。"到位"是指对属于史实基本要素的时间、地点、人物等历史名词，应该具体说明。要是史实记忆不确定，宁可虚写也不能乱写。

2.解释合理

无论是分析还是说明，都要求解释合理，这里的"合理"指的是针对求答要求，选择适当内容，形成解答观点，这样就可以避免答题方向产生偏差。

3.史论结合

学习历史不仅要了解一些史实，更重要的是要树立正确的史学观点和掌握正确的学史方法。解答历史题目必须协调处理史实、史观、史法三者之间的关系。

4.表达有序

列举史实确定观点后，如何进行有条有理的表达，是解题的又一注意事项。应按序循意，叙述流畅。"按序"就是按设问次序，一一应答，这样思路顺畅，表达方便，书写后检查也比较容易。"循意"就是紧扣题意，问什么答什么。落笔书写前，可以在全盘考虑答题内容的前提下，依照题目的设问顺序和分值分布提示，拟一份简明扼要的答题提纲。

第五章

理综突破指南

　　对于理综考题，我们不要被新颖的题目吓倒，同时要注意答题的细节，在答题时要注意前后联系，从整个大题的角度去考虑每一小问。

理综选择题要控制节奏

理综试卷的选择题分值并不低，因此不要做得太快，应控制好节奏，保证准确率。

高手支招：选择题要慢慢做

（章捷琼）

在理综考试中，我建议大家用30~40分钟的时间做选择题，不要认为选择题简单，做快点，节省时间做后面的大题，这样就很可能出现大问题。因为选择题一道题就是3~4分，所以需要我们谨慎对待。即使是学习很厉害的同学，其他的题目可以做得快，选择题也是要慢慢地做，因为审题很快无法注意到一些细节和陷阱，就很容易出错。

例如，氮、磷、硅判断三种单质的活泼性顺序，氮在前面，之后是磷和硅，同学们做这道题目时80%的认为是对的。从非金属性来讲，氮是最活泼的，之后是磷和硅。现在问的是单质的活泼性，和元素的非金属性是两回事。因为氮的结构有三重键，所以单质特别稳定，活泼性就是最差的。

有的同学没有想到氮气的稳定性，多半是做得快，想到了元素方面去，这是思维定式的问题。只有慢慢做，才能克服思维定式。

还有，虽然是选择题，但重要的不是在"选"，不是看着选项去挑。而是要养成推导的习惯，掌握过程，要知道是"因为是怎样的，所以才是怎样的"。如做物理学科选择题时，不要轻易地把生活经验往物理题上套，应该严格遵循物理规律。选择题是做出来的，不是选出来的。

高效锦囊：做选择题时要注意把握关键字词

客观题对知识点考查划分得很细，因此，审题也必须特别细致，一些关键性的字词，诸如：全部、至少、某些、经常、有时、最佳等，常可以从几个似乎都对的选项中区分出应选答案，但若稍有疏忽，便会导致错误。另外有些相关概念，审题不细也很容易因疏漏而错选答案。这是由于客观题的解答没有过程和文字叙述，只填一个符号，有时仅一念之差，就会错选其他。所以客观题在审题时，可以在题干的关键字词下画一道线，然后再按要求去确定选项，这样可减少错误的发生。

放眼全局，灵活机动

面对理综试卷，考生必须要做到战略上要统揽全局，战术上要灵活机动。

高手支招：战略战术都重要

（陈敏）

高考理综试题题量大、分值多，在考查基本知识的同时，注重对能力的考查，使试卷的难度较大。如何在有限的时间内充分发挥自己的水平甚至超水平发挥呢？考试如打仗，有战略上的全局安排，也有战术上的灵活机动。这就要求我们除了平时知识的积累，心理素质等因素之外，掌握一些基本的应试技巧，这也是高考成功的一个重要砝码。

下面，我们来看看一些名师对解答理综试卷的建议：

1. 统揽全局，合理安排

各科的时间安排，应按分数比值做相应的分配，每2分值占时1分钟。物理、化学各55分钟左右，生物40分钟左右比较合理。当然如果某一个学科题目较难或者某一学科分数的比值稍微多一点，时间也就应该多一点。同时自己的优势学科可适当减少时间，劣势学科可适当增加时间。

2. 深刻理解，描绘情景

理综试题，文字描述的可能是一个复杂的运动过程，它可以分成几个不同的阶段，每个阶段可能有题中所给的已知量，也可能隐藏在题中未给的量或通过作图来描绘情景。

对于头脑不清的问题，可通过作助解图，对物体进行受力分析，分清运动过程，从而获得更多信息，以利于找出解题的有效途径，帮助我们正确地建立有关未知量与已知量的关系，可以说正确的作图分析，是解题成功的一半。

3. 先易后难，从容解答

高考理综考试与单科考试有很大的不同，理、化、生在同一张试卷上。一般Ⅰ卷按生物、化学、物理的顺序，Ⅱ卷按物理、化学、生物的顺序排列，每科中一般是先易后难，有时碰到难题，一时难以解答，可以先暂跳过难题，先做后面的容易题。如果避易就难，啃住难题不放，只会费时甚至会影响对容易题的作答，还可能造成紧张的心理，扰乱思路和步骤。

高效锦囊：解题时力争一次到位

理科综合，150分钟完成300分的题，时间比较紧张，复查的可能性不大。所以解题时要力争一次到位，稳扎稳打，不要寄希望于第二遍的复查上。同时在没有特别大的把握的情况下，最好还是不要随便改动第一次的答案。

规范解答物理主观题

对物理主观题来说，规范化非常重要，历年来，因答题不规范而失分的考生大有人在，同学们在考试中要尽量避免。

高手支招：遵守解题的规范化要求

（孟梦）

在高考中，物理解答题的分值较高，对规范化的要求也很典型。要提高物理解答题的得分率，除了透彻理解和掌握相关的物理知识、具有较高的物理思维能力和良好的数学基础外，还必须遵守解题的规范化要求，形成熟练的解题技巧。有了良好的规范，使解题过程表述得既简洁又明确，才能提高解题的敏捷性和准确性，减少过失性失分，从而把自己的知识水平和能力水平充分反映出来。

为了避免因答题不规范而失分，在考试中要注意以下几个方面：

1. 简洁文字说明与方程式相结合

有的考生解题从头到尾只有方程，没有必要的文字说明，方程中使用的符号表示什么也不提出；有的考生则相反，文字表达太长，像写作文，关键方程没有列出。既耽误时间，又占据了答卷的空间，以上两种情形都会导致丢分。所以在答卷时提倡简洁文字表达，关键处的说明配合图示和物理方程式相结合。

2. 尽量用常规方法，使用通用符号

有些考生解题时首先不从常规方法入手，而是为图简便用一些特殊奇怪的方法，虽然是正确的，但阅卷老师短时间不易看清。同样，使用一些不是习惯的符号来表达一些物理量，阅卷老师也可能会看错。这是因为阅卷老师的工作量很重，每天平均阅卷2500多份，平均看一道题的时间不过几秒钟。

3. 分步列式，不要用综合或连等式

高考评分标准是分步计分，写出每一个过程对应的方程式，只要说明、表达正确都可以得相应的分数；有些学生喜欢写出一个综合式，或是连等式，而评分原则是"综合式找错"，即只要发现综合式中有一处错，全部过程都不能得分。所以对于不会解的题，分步列式也可以得到相应的过程分，增加得分机会。

高效锦囊：答题时采用通用符号

在解题时用到的物理量单位符号，要采用课本规定的符号来表示，用到的其他符号如化学元素符号、数学符号等一般采用它们在化学、数学等学科中原有的通用形式。

如何答好化学推断题

相对于选择题来说，化学推断题分值高，但难得分，怎样才能做好推断题呢？

高手支招：把知识网移植于脑中

（王力）

化学推断题包括实验推断题、有机物推断题和无机物推断题，它对我们的思维能力和知识网络构造提出了较高的要求，即要求我们有较深厚的化学功底，知识网络清晰，对化学的所有知识点(如元素、化合物的性质)了如指掌。这就要求我们在平时的复习中要把知识网移植于脑中，将句子浓缩成词或短句，精确地记住。并且要定期循环反复补充原来编织的知识网，从一个新的角度，多层次、多角度地对问题及解决问题的思维过程进行全面的考查、分析和思考。

下面是华师一附中高级教师周立和为考生们提供的一些解答化学推断题的思路和方法：

1. 找到突破口进行联想

推断题首先要抓住突破口，表现物质特征处大都是突破口所在，所以考生在掌握化学知识概念点上，要注意总结它的特征。

在推断题的题干中及推断示意图中，都明示或隐含着种种信息。每种物质都有其独特的化学性质，如物质属单质还是化合物，物质的颜色如何，是固体、液体还是气体，有怎样的反应条件，反应过程中有何现象，在生活中有何运用等，同时还要注意表述物质的限制词，如最大(小)、仅有的等。考生看到这些信息时，应积极联想教材中的相关知识，进行假设、重演，一旦在某一环节出错，便可进行另一种设想。

2. 在训练中找感觉

一般而言，推断题的思维方法可分三种：一是顺向思维，从已有条件一步步推出未知信息；第二种是逆向思维，从问题往条件上推，作假设；第三种则是从自己找到的突破口进行发散推导。解推断题时，考生还可以同时找到几个突破口，从几条解题线索着手，配合推断。

可以说化学推断题没有捷径可言，它需要考生在训练中总结经验、寻找规律，发现不足后再回归课本，再进行训练，螺旋上升。如此而为，做推断题便会有"感觉"。

高效锦囊：文字书写要准确

由于考场紧张，有的考生为图快，书写潦草，电脑阅卷时容易引起歧义，导致误判。所以，答题时字应尽量书写规范，不要求书法，但要求尽量地清晰，化学科目尤其要注意，既有文字答题，又有符号书写，化学符号、分子式、结构式、结构简式、名称，要求什么，对应作答，有机结构简式中原子间的联结方式表达正确，不要写错位。

如何解答跨学科的综合题

1. 提炼

由于信息题所反映的是各学科的新知识、新成就、新方法，或者是对现实生活的反映或模拟，故从信息的角度看，在题中必然会出现有效信息和无效信息的混杂，这就要求考生具有提炼有效信息和处理信息的能力。在答题时，通过读题，提取有效信息，摒弃无效信息，从而迁移出应该运用的相关学科知识去解决问题。

2. 切入

综合题虽然体现了各学科的综合能力，但必然会以某一学科为主体。因此，解题时应弄清从哪一学科去思考。

3. 建模

自然科学的一个研究方法是从各种自然现象中抓住本质，建立一定的理想化模型进行分析。解答信息题时也应如此，把题目所反映的具体情景转化为抽象的理想化模型。例如，高考曾考过的运动员跳水问题。在解答时，可以将研究对象——运动员抽象成理想化模型——质点；将其运动过程抽象成理想化过程——竖直上抛运动。这样，就可以利用学过的物理知识求解了。